从黑暗到统治：40天摆脱黑暗的束缚

全球灵修：觉知、解脱与力量

为个人、家庭和国家做好自由的准备

经过

撒迦利亚神鹰；星期一·奥格贝（Monday O. Ogbe）大使和康福特·拉迪·奥格贝（Comfort Ladi Ogbe）

Zacharias Godseagle; Ambassador Monday O. Ogbe and Comfort Ladi Ogbe

目录

从黑暗到统治：40天摆脱黑暗的束缚	1
全球灵修：觉知、解脱与力量	1
为个人、家庭和国家做好自由的准备	1
版权页	5
关于本书 - 从黑暗到统治	8
封底文字	11
一段媒体宣传（媒体/电子邮件/广告宣传）	13
献辞	16
致谢	18
致读者	20
如何使用本书	22
前言	25
前言	28

引言 30

第一章：黑暗王国的起源 33
    黑暗的陨落与形成 34
    黑暗王国的全球表现 34
    为什么这本书现在很重要 35
    你生于战斗 35

第二章：黑暗王国如今如何运作 37

第三章：切入点—人们如何上瘾 42

第四章：表现—从着魔到痴迷 45

第五章：圣言的力量—信徒的权威 48

第一天：血统与大门—打破家族枷锁 52

第二天：梦境入侵—当夜晚变成战场 56

第三天：属灵的配偶—捆绑命运的不圣洁结合 60

第四天：诅咒之物—玷污之门 65

第五天：被迷惑与被欺骗—摆脱占卜之灵的束缚 68

第六天：眼之门—关闭黑暗之门 73

第七天：名字背后的力量—放弃不神圣的身份　　77

第 8 天：揭开虚假之光的面纱—新时代陷阱和天使般的欺骗　　81

第九天：血坛—需要生命的圣约　　86

第十天：不孕不育与身心崩溃—当子宫变成战场　　90
—85 岁时的隐形战争　　94

版权页

从黑暗到统治：40天摆脱黑暗的隐秘控制——全球意识、解脱与力量的灵修，

作者：Zacharias Godseagle、Comfort Ladi Ogbe 和 Ambassador Monday O. Ogbe

版权所有 © 2025 Zacharias Godseagle 和 God's Eagle Ministries - GEM
保留所有权利。

未经出版商事先书面许可，不得以任何形式或任何手段（电子、机械、影印、录制、扫描或其他方式）复制、存储在检索系统中或传播本出版物的任何部分，评论文章或评论中的简短引文除外。

本书为非虚构类灵修小说。为保护隐私，部分姓名及身份信息已作必要修改。

经文引述如下：

- *新生活译本 (NLT)*，© 1996、2004、2015 丁道尔之家基金会版权所有。经许可使用。保留所有权利。

封面设计：GEM TEAM

室内布局由 GEM TEAM 完成

出版者：
Zacharias Godseagle & God's Eagle Ministries - GEM

www.otakada.org | ambassador@otakada.org

第一版，2025年，
美国印刷

关于本书—从黑暗到统治

从黑暗到统治：40天摆脱黑暗的隐秘控制—*全球灵修的觉醒、解脱与力量*—为准备好获得自由的个人、*家庭和国家* 不仅仅是一种灵修—这是一场为期 40 天的全球拯救之旅，面向**总统、总理、牧师、教会工作人员、首席执行官、父母、青少年以及每一位**拒绝默默忍受失败的信徒。

这篇强有力的 40 天灵修文章讨论了***精神战争、从祖先祭坛中解脱、打破灵魂束缚、神秘学揭露以及来自前巫师、前撒旦教徒***和那些战胜了黑暗力量的人的全球证词。

无论您是**领导一个国家、牧养一个教堂、经营一家企业**，还是**在祈祷室里为您的家人而战**，这本书都会揭露隐藏的东西、面对被忽视的东西，并赋予您挣脱束缚的力量。

为期40天的全球灵修：觉知、解脱与力量

在这些页面中，您将看到：

- 血统诅咒和祖先契约
- 灵魂伴侣、海洋精灵和星体操控

- 共济会、卡巴拉、昆达里尼觉醒和巫术祭坛
- 儿童奉献、产前启蒙和恶魔门卫
- 媒体渗透、性创伤与灵魂碎片
- 秘密社团、恶魔人工智能和虚假的复兴运动

每天的内容包括：
—一个真实的故事或全球模式
—基于圣经的洞见
—小组和个人应用
—解脱祷告 + 反思日志

如果您符合以下情况，本书适合您：

- 总统**或决策者**为国家寻求精神上的清晰和保护
- 一位**牧师、代祷者或教会工作人员**正在与阻碍成长和纯洁的无形力量作斗争
- 首席执行官**或企业领导人**面临无法解释的战争和破坏
- 青少年**或学生**被梦境、折磨或怪异事件困扰
- 父母**或照顾者**注意到你的血统中的精神模式
- 一位**基督教领袖**厌倦了无休止的祷告循环却没有取得突破
- 或者只是一个**信徒，准备从生存走向胜利**

为什么写这本书？

因为在黑暗戴上光明面具的时代，**救赎不再是可有可无的。**
力量属于那些知情、装备齐全、臣服的人。

本书由 Zacharias Godseagle、大使 Monday O. Ogbe 和 Comfort Ladi Ogbe **撰写**，它不仅仅是教导，更是对**全球的警钟**，呼吁教会、家庭和国家奋起反击，不是凭借恐惧，而是凭借**智慧和权威**。

你无法训练门徒，除非你尚未传道。你也无法行在荣耀中，除非你脱离黑暗的辖制。

打破循环，直面隐藏，掌控命运——一天一天地走下去。

封底文字

从黑暗到统治
40 天摆脱黑暗的隐藏控制
全球灵修的意识、解脱和力量

您是**总统**、**牧师**、**家长**还是**祈祷的信徒**—渴望获得持久的自由和突破？

这不仅仅是一篇灵修文章。这是一段40天的全球旅程，穿越**祖先契约**、**神秘束缚**、**海洋邪灵**、**灵魂分裂**、**媒体渗透**等诸多不为人知的战场。每一天都会揭示真实的见证、全球性的彰显，以及切实可行的拯救策略。

你会发现：

- 精神之门如何打开以及如何关闭
- 反复拖延、折磨和束缚的隐藏根源
- 强大的日常祈祷、反思和团体应用
- 如何进入**统治**，而不仅仅是拯救

从非洲的**巫术祭坛**到北美的**新时代欺骗**……从欧洲的**秘密社团**到拉丁美洲的**血盟**—这本书揭露了这一切。

《黑暗统治》是通往自由的路线图，专为**牧师、领导人、家庭、青少年、专业人士、首席执行官**以及任何厌倦了无胜可胜的战争的人而写。

你无法训练门徒，除非你没有传授这些道理。你也无法在神的权柄中行事，除非你脱离黑暗的辖制。

一段媒体宣传（新闻/电子邮件/广告宣传）

《从黑暗到统治：40天摆脱黑暗的隐秘掌控》是一本全球灵修书，揭露敌人如何通过祭坛、血统、秘密社团、神秘仪式和日常妥协，渗透到人们的生活、家庭和国家。本书涵盖了来自各大洲的故事和久经考验的救赎策略，适合总统、牧师、首席执行官、青少年、家庭主妇和属灵战士—所有渴望获得持久自由的人。它不仅仅是阅读之书，更是打破枷锁的良方。

建议标签

- 救赎灵修
- 属灵争战
- 前神秘证词
- 祈祷和禁食
- 打破世代诅咒
- 摆脱黑暗的自由
- 基督教精神权威
- 海洋烈酒
- 昆达里尼欺骗
- 秘密社团被曝光
- 40天的解脱

活动主题标签

#DarknessToDominion

#拯救灵修

#打破枷锁

#通过基督获得自由

#全球觉醒

#隐藏的战斗曝光

#祈祷打破自由

#精神战争书

#从黑暗到光明

#王国权威

#不再束缚

#ExOccultTestimonies

#昆达里尼警告

#海洋精神曝光

#40天自由

奉献精神

向那位将我们从黑暗中召唤到他奇妙光明中的主——**耶稣基督**,我们的拯救者、光明使者和荣耀之王致敬。

对于每一个在默默中呐喊的灵魂——被无形的锁链所束缚,被梦境所困扰,被声音所折磨,在无人知晓的地方与黑暗作斗争——这段旅程是为你们而设。

致**牧师、代祷者**和**城墙上的守望者,**
致整夜祈祷的母亲们和拒绝**放弃**的父亲们,致见识过太多的**小男孩和**过早被邪恶标记的
小女孩,致在公共权力背后背负无形重担的首席执行官、总统和决策者们,
致在**秘密**束缚**中挣扎**的**教会工作人员**和敢于反击的
精神战士——这是你们崛起的呼唤。

感谢那些勇敢分享自己故事的人。你们的伤痛如今让其他人获得自由。

愿这份虔诚的祷文照亮穿越阴影的道路,引领众人走向统治、疗愈和圣火。
你没有被遗忘。你并非无能为力。你为自由而生。

– Zacharias Godseagle, Monday O. Ogbe 大使和 Comfort Ladi Ogbe

致谢

首先，我们感谢**全能的上帝—圣父、圣子、圣灵**，光明与真理的创造者，祂开启了我们的眼睛，让我们看到在紧闭的大门、帷幕、讲台和讲台背后，那些看不见的争战。我们将一切荣耀归于我们的救赎主和君王耶稣基督。

致世界各地勇敢的男男女女，你们分享了各自的苦难、胜利和蜕变的故事—你们的勇气点燃了全球自由的浪潮。感谢你们打破了沉默。

致城墙上那些在隐秘处劳苦的侍奉者和守望者—教导、代祷、拯救和分辨—我们敬佩你们的坚持。你们的顺服持续摧毁坚固营垒，揭露高处的谎言。

对于我们的家人、祷告伙伴和支持团队，在我们挖掘精神废墟以发现真相时与我们站在一起，感谢你们坚定不移的信念和耐心。

对于研究人员、YouTube 证人、告密者和通过其平台揭露黑暗的王国战士来说，你们的大胆为这项工作提供了洞察力、启示和紧迫感。

致**基督的身体**：这本书也属于你们。愿它唤醒你们心中神圣的决心，使你们警醒、明辨、无所畏惧。我们并非以专家的身份写作，而是以见证人的身份。我们并非以审判者的身份站立，而是以得救者的姿态站立。

最后，对于**这本灵修书的读者**—来自各个国家的寻求者、战士、牧师、拯救牧师、幸存者和热爱真理的人—愿每一页都赋予你们力量，**从 黑暗统治**。

− **撒迦利亚· 神鹰**
− **星期一· 奥格贝大使** − **康福特· 拉迪· 奥格贝**

致读者

这不仅仅是一本书,更是一次召唤。

呼吁揭开长久以来被隐藏的真相——直面那些塑造世代、体制和灵魂的无形力量。无论你是一位**年轻的探索者**,一位**饱经沧桑、饱经战火的牧师**,一位**与夜惊作斗争的商业领袖**,还是一位**正面临无情国家黑暗的国家元首**,这本灵修书都能**指引你走出阴影**。

致**个人**:你并没有疯。你所感知到的——在你的梦境中,在你的氛围中,在你的血脉中——或许确实与灵性有关。上帝不仅仅是一位医治者;他是一位拯救者。

对于**家庭**:这 40 天的旅程将帮助您识别长期折磨您血统的模式 – 成瘾、过早死亡、离婚、不孕、精神折磨、突然贫困 – 并提供打破它们的工具。

致**教会领袖和牧师**:愿这能唤醒更深的洞察力和勇气,让我们在讲台上,而非仅仅在讲台上,去面对属灵的领域。拯救并非可有可无,而是大使命的一部分。

致**首席执行官、企业家和专业人士**:精神契约在董事会会议室中同样有效。将你的事业献给上帝。拆除那些伪装成商业运气、血契或共济会恩惠的祖先祭坛。用干净的手来建造。

致**守望者和代祷者**：你们的警惕并非徒劳。这份资源是你们手中的武器—为了你们的城市、你们的地区、你们的国家。

致**各位总统和总理**，如果这封信送到你们的办公桌上：国家并非仅仅由政策统治，而是由祭坛统治—无论是公开的还是秘密的。除非这些隐秘的根基得到解决，否则和平将难以实现。愿这篇灵修文章激励你们走向世代的改革。

致那些正处于绝望时刻的**年轻男女：上帝看到了你。他选择了你。他正在拯救你—永远地。**

这是你的旅程。一步一步来。一条链一个接一个。

从黑暗到统治—这是你的时代。

如何使用本书

《从黑暗到统治：40天摆脱黑暗隐秘的掌控》不仅仅是一本灵修书—它是一本释放手册、一次灵性排毒之旅，以及一次争战训练营。无论你是独自阅读，还是与一群人一起，在教堂里，或是作为领袖带领他人，以下是如何充分利用这40天的强大旅程：

每日节奏

每天都遵循一致的结构来帮助您调动精神、灵魂和身体：

- **主要灵修教义**—揭露隐藏黑暗的启示主题。
- **全球背景**—这一堡垒在世界各地如何体现。
- **真实故事**—来自不同文化的真实救赎经历。
- **行动计划**—个人精神锻炼、放弃或宣言。
- **团体应用**—适用于小组、家庭、教堂或救援队。
- **关键见解**—值得铭记和祈祷的精髓。
- **反思日记**—用心思考，深入处理每一个真理。
- **拯救祷告**—有针对性的精神战争祷告，以打破堡垒。

你需要什么

- 你的**圣经**
- 日记**本或笔记本**
- **圣油**（可选，但在祈祷时功效强大）
- 愿意按照圣灵的引导**禁食和祷告**
- 对于较深层次的案件，**需要问责伙伴或祷告团队**

如何与团体或教堂一起使用

- **每天或每周**聚会讨论见解并一起祈祷。
- 鼓励成员在小组会议之前完成**反思日志**。
- 使用"**小组申请**"部分来激发讨论、忏悔或企业解脱时刻。
- 指定受过训练的领导者来处理更严重的问题。

致牧师、领袖和拯救牧师

- 在讲坛上或在救赎训练学校教授日常主题。
- 让您的团队能够使用这份灵修资料作为咨询指南。
- 根据需要定制精神地图、复兴会议或城市祈祷活动的部分。

附录

在本书的最后，你会发现强大的奖励资源，包括：

1. **每日彻底解脱宣言**—每天早晚大声朗读这句话。
2. **媒体弃绝指南**—清除娱乐中精神污染的生活。
3. **祈祷辨别教堂中隐藏的祭坛**—为代祷者和教会工作人员。
4. **共济会、卡巴拉、昆达里尼和神秘的放弃脚本**——强大的忏悔祈祷。
5. **大规模拯救清单**—用于十字军东征、家庭团契或个人静修。
6. **证词视频链接**

前言

有一场战争—看不见、说不出来，但却真实存在—肆虐于男人、女人、儿童、家庭、社区和国家的灵魂之上。

这本书并非源于理论，而是源于烈火。源于哭泣的释放室。源于阴影中低语和屋顶上呐喊的见证。源于深入的研究、全球性的代祷，以及对肤浅的基督教未能处理仍然缠绕信徒的**黑暗根源的神圣挫败感**。

太多人来到十字架前，却依然背负锁链。太多牧师宣扬自由，却暗中遭受情欲、恐惧或祖传契约等邪灵的折磨。太多家庭深陷贫困、堕落、成瘾、不孕、羞耻的循环，却**不知为何**。太多教会避而不谈邪灵、巫术、血祭坛或救赎，只因这些话题"太过强烈"。

但耶稣没有回避黑暗—他**直面黑暗**。
他没有忽视邪灵—他**驱逐邪灵**。
他死不只是为了赦免你—他死是为了**释放你**。

这40天的全球灵修并非随意的圣经学习，而是一间**属灵的手术室**，一本自由的日记，一张为那些在救赎与真正自由之间徘徊的人绘制的地狱地图。无论你是被色情内容束缚的青少年，被蛇梦困扰的第一夫人，被祖先罪孽折磨的首相，隐藏秘密捆绑的先知，还是从邪梦中醒来的孩子——这段旅程都为你而设。

你会发现来自世界各地—非洲、亚洲、欧洲、北美洲和南美洲—的故事都在证实一个真理：**魔鬼不偏待人**。但上帝也是如此。他为别人所做的，也能为你做到。

本书适合以下人群：

- 寻求个人解脱的**个人**
- 需要代际治愈的**家庭**
- **牧师**和教会工作人员
- **商业领袖**在高层应对精神战争
- **各国**迫切需要真正的复兴
- 不知不觉打开大门的**年轻人**
- 需要结构和策略的**拯救牧师**
- 甚至**那些不相信恶魔的人**—直到他们读到这些页面上自己的故事

你将会面临挑战。但只要你坚持走下去，你也会获得**蜕变**。

你不仅会挣脱束缚，
还会走向**统治之路**。

让我们开始吧。

— *Zacharias Godseagle、Monday O. Ogbe* 大使和 *Comfort Ladi Ogbe*

前言

列国中正发生骚动,灵界震动。从讲台到议会,从客厅到地下教会,世界各地的人们都意识到一个令人毛骨悚然的事实:我们低估了仇敌的势力范围—也误解了我们在基督里所拥有的权柄。

《从黑暗到统治》不仅仅是一本灵修书,更是一记响亮的号召,一本预言性的手册,是一条生命线,指引那些饱受折磨、被捆绑的人,以及那些苦苦思索"我为何仍身陷囹圄"的虔诚信徒。

作为一个见证过各国复兴与拯救的人,我亲身感受到教会缺乏的并非知识,而是属灵的**觉知**、**勇气**和**纪律**。这项工作弥合了这方面的差距。它将全球的见证、震撼人心的真理、实际的行动和十字架的大能交织在一起,构成一段40天的旅程,它将震落沉寂的生命,点燃疲惫之人的热情。

对于敢于面对祭坛的牧师、对于默默与恶魔之梦斗争的年轻人、对于被看不见的契约所纠缠的企业主,对于知道*精神上出了问题*但又说不出原因的领导者,这本书都适合你们。

我劝你不要被动地阅读。让每一页都激发你的精神。让每一个故事都孕育出战争。让每一个宣言都训练你的口才，使你的言辞充满激情。当你走过这40天后，不要只是庆祝你的自由—要成为他人自由的载体。

因为真正的统治不仅仅是逃离黑暗……
而是转身并将他人拖入光明。

凭着基督的权柄和能力，

奥格贝大使

介绍

《从黑暗到统治：40天摆脱黑暗隐藏的控制》不仅仅是另一种虔诚的信仰，更是一次全球性的警钟。

世界各地—从乡村到总统府邸，从教堂圣坛到董事会会议室—男男女女都在呼唤自由。这不仅仅是救赎，更是**解脱、明晰、突破、完整、平安、力量。**

但事实是：你无法驱除你所容忍的一切。你无法摆脱你看不见的一切。这本书就是你在黑暗中的一束光。

40 天里，您将通过教导、故事、证词和战略行动，揭露黑暗的隐藏行动，并赋予您克服精神、灵魂和身体的力量。

无论你是牧师、首席执行官、传教士、代祷者、青少年、母亲还是国家元首，本书的内容都将直面你。它并非要羞辱你，而是要解放你，并预备你带领他人走向自由。

这是一场**全球性的关于意识、拯救和力量的虔诚祈祷**--根植于圣经，由现实生活中的事件磨练，并浸透于耶稣的鲜血。

如何使用这本灵修书

1. **从五个基础章节开始**

   。这些章节奠定了基础。不要跳过它们。它们将帮助你理解黑暗的精神架构,以及你被赋予的超越黑暗的权柄。

2. **有意地度过每一天,**

   每天的日记都包含一个焦点主题、全球表现、一个真实故事、经文、行动计划、小组应用想法、关键见解、日记提示和强有力的祈祷。

3. **每天以**

   本书末尾的每日 360° 宣言结束,这个强有力的宣言旨在加强您的自由并保护您的精神大门。

4. **单独使用或团体使用**

   无论您是单独进行还是团体、家庭团契、代祷团队或拯救事工,都请让圣灵引导步伐并个性化作战计划。

5. **预料到会有反对——突破性的**

   阻力会到来。但自由也会到来。拯救是一个过程,耶稣承诺会与你同行。

基础章节(第一天之前阅读)

1. 黑暗王国的起源

从路西法的反叛,到邪灵等级制度和地域性邪灵的出现,本章追溯了圣经和灵界中黑暗的历史。了解它的起源,有助于你理解它的运作方式。

2. 黑暗王国如今如何运作

从契约和血祭到祭坛、海洋精神和技术渗透，本章揭示了古代精神的现代面孔—包括媒体、趋势甚至宗教如何充当伪装。

3. 切入点：人们如何上瘾

没有人生来就注定受奴役。本章探讨了各种途径，例如创伤、祖先祭坛、巫术暴露、灵魂纽带、神秘的好奇心、共济会、虚假的灵性以及文化习俗。

4. 表现：从占有到痴迷

捆绑究竟是什么样的？从噩梦到婚姻拖延、不孕不育、成瘾、愤怒，甚至"神圣的笑声"，本章揭示了邪灵如何伪装成问题、恩赐或人格。

5. 话语的力量：信徒的权柄

在我们开始40天的争战之前，你必须了解你在基督里的合法权利。本章将用属灵律法、争战武器、圣经礼仪和拯救的话语武装你。

开始前的最后鼓励

上帝呼召你，并非要你*掌控*黑暗。
祂呼召你，是要你**主宰**黑暗。
不是靠着权势，不是靠着能力，而是靠着祂的灵。

让接下来的40天不仅仅是一次灵修。
让它成为一场葬礼，为曾经控制你的每一个祭坛……以及一场加冕仪式，让你进入上帝为你注定的命运。

你的统治之旅现在开始。

第一章：黑暗王国的起源

因我们并不是与属血气的争战，乃是与那些执政的、掌权的、管辖这幽暗世界的，以及天空属灵气的恶魔争战。—以弗所书 6:12

早在人类登上时间的舞台之前，天上就爆发了一场无形的战争。这场战争并非刀剑或枪炮的战争，而是一场叛乱—是对至高上帝的神圣与权威的严重叛国。圣经通过多处经文揭示了这一谜团，这些经文暗示了上帝最美丽的天使之一**—那位**闪耀的天使—的堕落，他竟敢高举自己凌驾于上帝的宝座之上（以赛亚书14:12-15，以西结书28:12-17）。

这场宇宙叛乱催生了**黑暗王国**——一个充满精神反抗和欺骗的领域，由堕落天使（现为恶魔）、君主和反对上帝意志和上帝子民的势力组成。

黑暗的陨落与形成

路西法并非生来邪恶。他受造时智慧与美貌俱全，却因骄傲而心生叛逆。他引诱天使三分之一跟随他（启示录12:4），结果他们被逐出天堂。他们对人类的仇恨根源于嫉妒—因为人类是按照上帝的形象受造，并被赋予统治权。

光明王国与**黑暗王国**之间的战争就此拉开帷幕——这是一场触及每个灵魂、每个家庭和每个国家的看不见的冲突。

黑暗王国的全球表达

尽管看不见，但这个黑暗王国的影响却深深植根于：

- **文化传统**（祖先崇拜、血祭、秘密社团）
- **娱乐**（潜意识信息、神秘音乐和表演）
- **治理**（腐败、血盟、誓言）
- **技术**（成瘾、控制、精神操纵的工具）
- **教育**（人文主义、相对主义、虚假启蒙）

从非洲的巫术到西方新时代神秘主义，从中东的精灵崇拜到南美的萨满教，形式各异，但**精神却相同**——欺骗、统治和毁灭。

为什么这本书现在很重要

撒旦最大的诡计就是让人们相信他并不存在——或者更糟的是，他的行为是无害的。

这篇灵修文章是一本**属灵智慧手册**——揭开面纱，揭露他的阴谋，并赋予各大洲的信徒力量：

- **识别**入口点
- **放弃**隐藏的契约
- 用权威**抵抗**
- **找回**被盗物品

你生于战斗

这不是一篇为胆小者写的灵修文章。你生在战场，而不是操场。但好消息是：**耶稣已经赢得了这场战争！**

> "他既将一切执政的、掌权的掳来，明明地羞辱他们，就仗着自己夸胜。" – 歌罗西书 2:15

35

你不是受害者。靠着基督，你不仅仅是得胜者。让我们揭开黑暗，勇敢地走向光明。

关键洞察

黑暗的根源在于骄傲、叛逆和拒绝神的统治。这些种子至今仍在人们和体制的心中滋长。要理解属灵争战，我们必须首先了解这场叛逆是如何开始的。

反思日志

- 我是否已经将精神战争视为迷信而不再理会？
- 我规范了哪些可能与古代叛乱有关的文化或家庭习俗？
- 我是否真正了解我出生时所经历的这场战争？

光明祈祷

天父，求祢向我显明我周围和内心深处隐藏的悖逆根源。求祢揭露我可能不知不觉中接受的黑暗谎言。求祢的真理照亮每一个阴暗之处。我选择光明的国度。我选择行走在真理、权能和自由之中。奉耶稣的名，阿们。

第二章：黑暗王国的今日运作方式

"免得撒但趁着机会胜过我们，因我们并非不晓得他的诡计。" —哥林多后书 2:11

黑暗国度并非杂乱无章地运作。它是一个组织严密、层次深厚的属灵基础设施，如同军事战略一般。它的目标是：渗透、操纵、控制，并最终毁灭。正如神的国度有等级和秩序（使徒、先知等等），黑暗国度也一样—有执政的、掌权的、管辖幽暗世界的，以及天空属灵气的恶魔（以弗所书6:12）。

黑暗王国并非神话，也不是民间传说或宗教迷信。它是一个由精神力量组成的隐形却真实存在的网络，操纵着各种系统、人，甚至教会，以实现撒旦的计划。虽然许多人想象着草叉和红色犄角，但这个王国的真实运作远比这更加微妙、系统化和险恶。

1. 欺骗是他们的货币

仇敌用谎言来交易。从伊甸园（创世记3章）到现今的哲学，撒但的伎俩始终围绕着让人怀疑上帝的话语。如今，欺骗的形式如下：

- *伪装成启蒙运动的新时代教义*
- *以文化自豪感为幌子的神秘活动*
- *音乐、电影、动画片和社交媒体潮流中对巫术的美化*

人们在不知不觉中参与仪式或消费媒体，而这些仪式或消费媒体却不加辨别地打开了精神之门。

2. 邪恶的等级结构

正如上帝的王国有秩序一样，黑暗王国也按照明确的等级制度运作：

- **公国**—影响国家和政府的领土精神
- **力量**—通过恶魔系统执行邪恶行为的代理人
- **黑暗的统治者**—精神盲目、偶像崇拜、假宗教的协调员
- **高处的邪恶精神**—精英级别的实体影响全球文化、财富和技术

每个恶魔都擅长某些任务—恐惧、上瘾、性变态、困惑、骄傲、分裂。

3. 文化控制工具

魔鬼不再需要以肉身现身。如今，文化承担了重任。他如今的策略包括：

- **潜意识信息**：充满隐藏符号和反向信息的音乐、节目和广告
- **脱敏**：反复接触罪恶（暴力、裸体、亵渎），直到它变得"正常"
- **精神控制技术**：通过媒体催眠、情绪操纵和成瘾算法

这并非偶然。这些策略旨在削弱道德信念、摧毁家庭、重新定义真理。

4. 代际协议和血统

通过梦境、仪式、奉献或祖先契约，许多人不知不觉地与黑暗结盟。撒旦利用的是：

- 家庭祭坛和祖先偶像
- 命名仪式召唤神灵
- 家族秘密的罪恶或传承下来的诅咒

这些为苦难提供了合法依据，直到耶稣的血打破契约为止。

5. 假奇迹，假先知

黑暗王国热爱宗教—尤其是缺乏真理和力量的宗教。假先知、引诱人的邪灵和伪造的奇迹欺骗着大众：

因为连撒但也装作光明的天使。—哥林多后书 11:14

如今，许多人听从的声音虽然悦耳，但却束缚着他们的灵魂。

关键洞察

魔鬼并非总是喧嚣—有时他会通过妥协低语。黑暗王国最厉害的伎俩就是让人们相信他们是自由的，而实际上他们却被潜移默化地奴役着。

反思日志：

- 在您的社区或国家，您在哪里见过这些行动？
- 你所常态化的节目、音乐、应用程序或仪式是否实际上可能是操纵的工具？

觉悟与忏悔的祈祷：

主耶稣，求祢开我的眼睛，使我看清仇敌的伎俩。求祢揭露我所相信的每一个谎言。求祢赦免我所打开的每一扇门，无论有意或无意。我决意与黑暗妥协，选择祢的真理、祢的大能和祢的自由。奉耶稣的名，阿们。

第三章：切入点—人们如何上瘾

"不要给魔鬼留地步。" —以弗所书 4:27

在每种文化、每代人、每个家庭中，都隐藏着一些入口——灵性黑暗由此侵入的门户。这些入口乍看之下或许无害：童年游戏、家庭仪式、书籍、电影、未解决的创伤。但一旦被打开，它们就成了邪灵影响的合法场所。

常见入口点

1. **血统契约**—祖先的誓言、仪式和偶像崇拜，传承着通往邪灵的道路。
2. **早期接触神秘学**—正如玻利维亚的*卢尔德·瓦尔迪维亚*的故事一样，接触巫术、唯灵论或神秘仪式的孩子往往在精神上受到损害。
3. **媒体与音乐**—歌颂黑暗、性感或反叛的歌曲和电影可以巧妙地带来精神上的影响。
4. **创伤和虐待**—性虐待、暴力创伤或排斥会使灵魂受到压迫性精神的摧残。
5. **性罪与灵魂纽带**—不正当的性结合常常会产生精神纽带和精神转移。
6. **新时代与虚假宗教**—水晶、瑜伽、精神指引、星座运势和"白巫术"都是隐晦的邀请。

7. **苦毒与不宽恕**—这些赋予了邪灵折磨的合法权利（见马太福音 18:34）。

全球见证亮点：*卢尔德·瓦尔迪维亚（玻利维亚）*

卢尔德七岁时，她的母亲——一位资深的神秘学家—就让她接触了巫术。她家里堆满了各种符号、墓地里的骸骨以及魔法书。在最终找到耶稣并获得自由之前，她经历了星体投射、声音和折磨。她的故事只是众多故事中的一个—证明了早期接触和世代影响如何为精神束缚打开了大门。

更大功绩参考：

人们如何在不知不觉中通过"无害"的活动打开门，结果却陷入黑暗的故事可以在《更大的功绩 14》和《从黑暗的力量中解脱出来》中找到。（查看附录）

关键洞察

敌人很少会主动闯入。他只会静待大门被打开。那些看似无辜、传承或有趣的东西，有时恰恰是敌人需要的大门。

反思日志

- 我生命中的哪些时刻可以成为精神的切入点？

- 我需要放弃哪些"无害"的传统或物品？
- 我是否需要放弃过去或家族的任何东西？

放弃祈祷

父啊，我关闭我或我的祖先可能打开的每一扇通往黑暗的门。我弃绝一切协议、魂结，以及对一切不圣洁事物的接触。我靠着耶稣的宝血打破一切锁链。我宣告我的身体、灵魂、灵单单属于基督。奉耶稣的名，阿们。

第四章：表现—从着魔到痴迷

污鬼离了人身，就在无水之地过来过去，寻求安歇之处，却寻不着。它就说：'我要回到我所出的房子去。'" —马太福音 12:43

一旦一个人受到黑暗王国的影响，其表现形式会根据恶魔入侵的程度而有所不同。灵界之敌不会满足于造访—他的最终目标是栖息并统治。

表现层次

1. **影响**—敌人通过思想、情感和决定获得影响力。
2. **压迫**—有外部的压力、沉重、困惑和折磨。
3. **痴迷**—人开始执着于黑暗的想法或强迫行为。
4. **附身**—在罕见但真实存在的情况下，恶魔会占据并控制一个人的意志、声音或身体。

表现的程度往往与精神妥协的深度有关。

全球表现案例研究

- **非洲**：灵魂丈夫/妻子、疯狂、仪式奴役的案例。

- **欧洲**：新时代催眠、星体投射和心灵分裂。
- **亚洲**：祖先灵魂纽带、轮回陷阱和血统誓言。
- **南美洲**：萨满教、精神向导、心灵阅读成瘾。
- **北美**：媒体中的巫术、"无害"的星座运势、物质门户。
- **中东**：精灵遭遇、血誓和伪造的预言。

每个大陆都呈现出同一个恶魔系统的独特伪装—信徒必须学会如何识别这些迹象。

邪灵活动的常见症状

- 反复出现噩梦或睡眠瘫痪
- 声音或精神折磨
- 强迫性犯罪和反复倒退
- 不明原因的疾病、恐惧或愤怒
- 超自然力量或知识
- 突然厌恶精神事物

关键洞察

我们所说的"精神"、"情绪"或"医学"问题有时可能与灵性有关。并非总是如此—但这种情况发生的频率很高，因此辨别力至关重要。

反思日志

- 我是否注意到本质上看似精神性的重复斗争？
- 我的家庭是否存在代代相传的破坏模式？
- 我允许什么样的媒体、音乐或关系进入我的生活？

放弃祈祷

主耶稣，我弃绝生命中一切隐藏的协议、敞开的门和不敬虔的盟约。我断绝一切不属祢的事物——无论有意或无意。我邀请圣灵之火烧尽我生命中一切黑暗的痕迹。求祢完全释放我。奉祢大能的名求，阿们。

第五章：圣言的力量—信徒的权柄

"看哪，我赐给你们权柄可以践踏蛇和蝎子，又胜过仇敌一切的能力，断没有什么能害你们。" – 路加福音 10:19（KJV）

许多信徒活在对黑暗的恐惧中，因为他们不理解自己所携带的光明。然而，圣经启示我们，**神的话语不仅是一把宝剑（以弗所书6:17）**，更是烈火（耶利米书23:29），一把锤子，一粒种子，甚至是生命本身。在光明与黑暗的争战中，那些认识并宣扬神的话语的人永远不会成为受害者。

这是什么力量？

信徒所拥有的力量是**被授予的权柄**。就像佩戴警徽的警察一样，我们不是靠自己的力量，而是奉**耶稣的名**，并借着神的话语站立。当耶稣在旷野击败撒但时，祂没有喊叫、哭泣或惊慌—祂只是说："*经上记着说。*"

这是所有精神战争的模式。

为什么许多基督徒仍然失败

1. **无知**—他们不知道圣经是如何描述他们的身份的。
2. **沉默**—他们不会在任何情况下宣告上帝的话语。
3. **反复无常**—他们生活在罪恶的循环中,这削弱了他们的信心和机会。

胜利不是靠喊得更响亮,而是靠**更坚定的信念**和**大胆的宣告**。

权威在行动—全球故事

- **尼日利亚:** 一名陷入邪教的小男孩在他的母亲坚持为他的房间涂油并每晚诵读《诗篇》第 91 篇后得到了解脱。
- **美国:** 一名前威卡教徒在同事连续数月每天在她工作间悄悄诵读经文后,放弃了巫术。
- **印度:** 一名信徒在面对持续不断的黑魔法攻击时,宣读了以赛亚书 54:17—攻击停止了,攻击者也承认了。
- **巴西:** 一名妇女每天诵读罗马书第 8 章的经文,克服了自杀的念头,开始步入超自然的平安之中。

神的话语是活的,它不需要我们的完美,只需要我们的信心和宣告。

如何在战争中运用话语

1. 与身份、胜利和保护相关的**经文**。
2. **大声说出圣言**，特别是在遭受精神攻击时。
3. **在祈祷中使用它**，宣告上帝对各种情况的承诺。
4. **禁食+祷告**，以圣言为支柱（马太福音 17:21）。

战争的基本经文

- *哥林多后书 10:3-5* - 拆毁坚固的营垒
- *以赛亚书 54:17* - 凡制造的武器，必不利用
- *路加福音 10:19* - 胜过仇敌
- *诗篇91*—神的保护
- *启示录 12:11* - 被血和见证所胜

关键洞察

当你满怀信心地说出上帝的话语时，你口中的上帝的话语就和上帝口中的话语一样有力。

反思日志

- 我是否知道作为一名信徒我的精神权利？
- 我今天积极地站在哪些经文上？
- 我是否让恐惧或无知扼杀了我的权威？

赋能祈祷

父啊,求祢开启我的眼睛,让我看见我在基督里所拥有的权柄。求祢教导我,用勇气和信心运用祢的话语。在我让恐惧或无知掌权的地方,愿启示临到我。今天,我作为神的儿女,手持圣灵的宝剑。我要传扬神的话语。我要站立在胜利中。我不再惧怕仇敌—因为那在我里面的,比我更伟大。奉耶稣的名,阿们。

第一天：血统与大门—打破家族枷锁

我们的祖先犯了罪，如今不在了，我们承受他们的惩罚。—耶利米哀歌 5:7

你可能得救了，但你的血统仍然有历史—直到旧约被打破，它们仍会继续说话。

在每个大陆，都有隐藏的祭坛、祖先的契约、秘密的誓言以及世代相传的罪孽，它们会一直存在，直到被明确解决。从曾祖父母开始的那些，或许仍在主宰着如今孩子们的命运。

全局表达式

- **非洲**—家庭神灵、神谕、世代巫术、血祭。
- **亚洲**—祖先崇拜、轮回羁绊、因果锁链。
- **拉丁美洲**—萨泰里阿教、死亡祭坛、萨满教血誓。
- **欧洲**—共济会、异教根源、血统契约。
- **北美**—新时代遗产、共济会血统、神秘物品。

咒语会一直持续，直到有人站起来说"不要再咒骂了！"

更深层的见证—从根源上治愈

一位来自西非的妇女在读完《更伟大的功绩》第14卷后,意识到自己长期流产和无法解释的痛苦折磨都与她祖父作为神殿祭司的职位有关。她多年前就接受了基督,但从未履行过家庭契约。

经过三天的祷告和禁食,她被引导销毁了一些传家宝,并根据加拉太书3:13放弃了圣约。就在那个月,她怀孕并足月产下了一个孩子。如今,她带领其他人从事医治和释放的事工。

另一位拉丁美洲男子,出自《摆脱黑暗权势》一书,在放弃了共济会从他曾祖父那里秘密传承下来的诅咒后,获得了自由。当他开始运用以赛亚书49:24-26等经文,并进行寻求救赎的祷告时,他的精神折磨停止了,家中也恢复了平安。

这些故事并非巧合—它们是事实的见证。

行动计划—家庭清单

1. 写下所有已知的家庭信仰、习俗和隶属关系—宗教、神秘或秘密社团。
2. 向上帝祈求隐藏的祭坛和契约的启示。

3. 虔诚地销毁并丢弃任何与偶像崇拜或神秘习俗有关的物品。
4. 按照指示快速行动，并使用下面的经文来打破法律界限：
    - *利未记 26:40-42*
    - *以赛亚书49:24-26*
    - *加拉太书 3:13*

小组讨论及应用

- 哪些常见的家庭习俗常常被人们忽视，认为无害，但可能对灵性造成危害？
- 让成员匿名（如果需要）分享他们的血统中的任何梦想、物体或重复周期。
- 集体放弃祈祷—每个人都可以说出要放弃的家庭或问题的名称。

事工工具：带圣膏油。举行圣餐。带领小组作代祷，将每个家族献给基督。

关键洞察

重生拯救你的灵魂。打破家庭契约保全你的命运。

反思日志

- 我家有什么习俗？我需要停止什么？
- 我家里是否有需要去除的物品、名字或传统？
- 我的祖先打开了哪些门而我现在需要关闭它们？

释放祈祷

主耶稣，我感谢祢的宝血，祂的宝血宣告更美的事。今天，我弃绝一切隐秘的祭坛、家庭的盟约和世代相传的捆绑。我打破血统的锁链，宣告我是一个新造的人。我的生命、家庭和命运，如今都单单属于祢。奉耶稣的名，阿们。

第二天：梦境入侵—当夜晚变成战场

"当人们睡觉的时候，他的仇敌来了，将稗子撒在麦子里，就走了。" - 马太福音 13:25

对于许多人来说，最大的精神战争不是在他们清醒时发生的，而是在他们睡着时发生的。

梦境并非只是随机的大脑活动。它们是精神的门户，通过它，警告、攻击、契约和命运得以交换。敌人利用睡眠作为无声的战场，散播恐惧、欲望、困惑和拖延—所有这些都毫无抵抗力，因为大多数人都意识不到这场战争。

全局表达式

- **非洲**—精神配偶、蛇、梦中进食、化装舞会。
- **亚洲**—祖先的邂逅、死亡的梦、因果的折磨。
- **拉丁美洲**—动物恶魔、阴影、睡眠麻痹。
- **北美**—星体投射、外星人梦、创伤重现。
- **欧洲**—哥特式表现、性恶魔（梦魇/女妖）、灵魂碎片。

如果撒旦可以控制你的梦境，他就能影响你的命运。

见证—从夜惊到平安

一位来自英国的年轻女子在读完《前撒旦教徒：詹姆斯的交换》后发来邮件。她分享道，多年来，她一直被梦境所困扰，梦见自己被狗追逐、被狗咬，或者和陌生男人上床—而现实生活中总是遭遇挫折。她的感情生活失败，工作机会荡然无存，她总是感到精疲力竭。

通过禁食和研读约伯记33:14-18等经文，她发现上帝经常通过梦境说话—但敌人也一样。她开始用油涂抹头部，醒来后大声驱除恶梦，并记梦境日记。渐渐地，她的梦境变得更加清晰和平静。如今，她领导着一个支持小组，帮助遭受梦境困扰的年轻女性。

一位尼日利亚商人在听了YouTube上的一段见证后，意识到自己每晚都会被送食物的梦境与巫术有关。每次他在梦中接受食物，生意就会出问题。他学会了在梦中立即拒绝食物，睡前用方言祷告，现在看到的却是神圣的策略和警告。

行动计划—加强夜间值班

1. **睡前**：大声朗读经文。敬拜。用油涂抹头部。
2. **梦境日记**：醒来后，记录下每一个梦境，无论好坏。祈求圣灵的解梦。

3. **拒绝和放弃：** 如果梦境涉及性行为、死去的亲人、进食或束缚—请立即在祈祷中放弃它。
4. **经文争战：**
    - *诗篇 4:8* – 安然入睡
    - *约伯记 33:14-18*—上帝通过梦说话
    - *马太福音 13:25*—敌人撒稗子
    - *以赛亚书 54:17* – 没有武器能攻击你

团体申请

- 匿名分享最近的梦境。让小组成员辨别梦境的模式和含义。
- 教导成员如何用言语拒绝邪恶的梦想，并用祈祷来封住美好的梦想。
- 团体宣言："以耶稣的名义，我们禁止梦中的恶魔交易！"

事工工具：

- 带上纸和笔来记录梦想。
- 演示如何为自己的家和床涂油。
- 提供圣餐作为夜晚的契约印记。

关键洞察

梦境要么是通往神圣邂逅的大门，要么是通往恶魔陷阱的大门。辨别是关键。

反思日志

- 我经常做什么样的梦？
- 我是否花时间思考我的梦想？
- 我的梦是否在警告我一些我忽略的事情？

守夜人的祈祷

父啊，我将我的梦献给你。求祢不要让任何邪恶的力量侵入我的睡眠。我拒绝梦中一切邪灵的盟约、性污秽或操控。我睡梦中蒙受神圣的眷顾、天上的指引和天使的庇护。愿我的夜晚充满平安、启示和能力。奉耶稣的名，阿们。

第三天：属灵的配偶—捆绑命运的不圣洁结合

"因为造你的是你的丈夫，万军之耶和华是他的名……" —以赛亚书 54:5

"他们将自己的儿女献给魔鬼。" —诗篇 106:37

尽管许多人都渴望婚姻的突破，但他们没有意识到，他们已经处于一场**精神婚姻之中**——一场他们从未同意过的婚姻。

这些契约是**通过梦境、性骚扰、血祭、色情、祖先誓言或恶魔转移而形成的**。灵魂伴侣—梦魔（男性）或魅魔（女性）—对一个人的身体、亲密关系和未来拥有合法权利，常常阻碍人际关系、破坏家庭、导致流产，并助长成瘾。

全球表现

- **非洲**—海洋精灵（Mami Wata），来自水之王国的精灵妻子/丈夫。
- **亚洲**—天赐良缘、因果诅咒、配偶转世。
- **欧洲**—巫术联盟、来自共济会或德鲁伊教的恶魔爱好者。

- **拉丁美洲**——萨泰里阿教婚姻、爱情咒语、基于契约的"灵魂婚姻"。
- **北美**——色情引发的精神门户、新时代性精神、外星人绑架等都是梦魇遭遇的表现。

真实故事——争取婚姻自由的斗争

托鲁，尼日利亚

托鲁32岁，单身。每次订婚，男方都会突然消失。她一直梦想着在隆重的仪式上结婚。在《更伟大的功绩》第14卷中，她意识到自己的情况与那里分享的见证相符。她进行了为期三天的禁食，并在午夜进行夜间争战祷告，斩断了魂结，驱除了占据她的海洋之灵。如今，她已婚，并为他人提供咨询服务。

菲律宾莉娜

莉娜经常在夜里感到一种"存在"与她同在。她以为自己只是幻觉，直到腿部和大腿上莫名其妙地出现瘀伤。她的牧师辨认出她是一位属灵的伴侣。她坦白了过去的堕胎经历和色情成瘾，之后得到了释放。现在，她帮助社区里的年轻女性识别类似的模式。

行动计划——违背圣约

1. **承认**并悔改性罪孽、灵魂束缚、神秘暴露或祖先仪式。
2. 在祷告中**拒绝一切精神婚姻——如果透露的话，请说出名字。**
3. **禁食**3 天（或按照指导）。
4. **销毁**实物标记：戒指、衣服或与过去的恋人或神秘组织有关的礼物。
5. **大声宣告：**

我没有嫁给任何邪灵。我与耶稣基督立约。我拒绝一切邪灵在我身、魂、灵里的结合！

圣经工具

- 以赛亚书 54:4-8 - 上帝是你真正的丈夫
- 诗篇18篇—挣脱死亡的绳索
- 哥林多前书 6:15-20 - 你们的身子是属主的
- 何西阿书 2:6-8 - 打破不敬虔的约

团体申请

- 询问小组成员：你是否曾梦到过婚礼、与陌生人发生性关系或晚上看到黑影？
- 带领一个团体放弃精神配偶。

- 角色扮演"天堂的离婚法庭"——每个参与者在祈祷中向上帝提出精神离婚。
- 在头部、腹部和脚上使用圣膏油作为清洁、繁殖和运动的象征。

关键洞察

魔鬼的婚姻是真实存在的。但没有一种属灵的结合是耶稣的宝血不能打破的。

反思日志

- 我是否经常梦见婚姻或性？
- 我的生活中是否存在被拒绝、拖延或流产的现象？
- 我愿意将我的身体、性欲和未来完全交给上帝吗？

拯救祷告

天父，我悔改一切已知或未知的性罪。我拒绝并断绝一切夺去我生命的属灵配偶、灵界之灵或神秘婚姻。靠着耶稣宝血的大能，我断绝一切圣约、梦想种子和魂结。我宣告我是基督的新娘，为祂的荣耀而分别为圣。我得自由，奉耶稣的名。阿们。

第四天：诅咒之物—污秽之门

"不可将可憎之物带进家，恐怕你遭受咒诅，与那物一样。" —申命记 7:26

许多人忽视的隐藏入口

并非所有物品都只是物品而已。有些东西承载着历史，有些则寄托着灵魂。被诅咒的物品不仅仅是偶像或文物—它们可能是书籍、珠宝、雕像、符号、礼物、衣服，甚至是曾经献给黑暗势力的传家宝。你书架上、手腕上、墙上的东西，或许正是你人生中折磨的入口。

全球观测

- **非洲**：与巫医或祖先崇拜相关的葫芦、护身符和手镯。
- **亚洲**：护身符、十二生肖雕像和寺庙纪念品。
- **拉丁美洲**：萨泰里阿项链、玩偶、刻有精神铭文的蜡烛。
- **北美**：塔罗牌、通灵板、捕梦网、恐怖纪念品。
- **欧洲**：异教遗物、神秘书籍、女巫主题配饰。

一对欧洲夫妇从巴厘岛度假回来后，突然感到身体不适，精神受到压迫。他们不知情的情况下买了一尊供奉当地海神的雕像。经过祷告和辨别，他们把雕像取下来烧了。平静立刻就恢复了。

"大功绩证言"的女性报告了无法解释的噩梦，直到后来发现她姑姑送的一条项链实际上是神社里供奉的精神监控装置。

你不只是要从物质上打扫你的房子——你还必须从精神上打扫它。

证言："注视着我的娃娃"

我们之前探讨过南美洲女孩卢尔德·瓦尔迪维亚的故事。她曾在一次家庭聚会上收到一个瓷娃娃。她的母亲在一个神秘仪式中将它奉献给了她。从娃娃被带进房间的那天晚上起，卢尔德就开始出现幻听、睡眠麻痹和夜间幻视等症状。

直到一位基督徒朋友和她一起祷告，圣灵启示了娃娃的来源，她才把它处理掉。邪灵立刻消失了。这开启了她的觉醒—从压迫走向解脱。

行动计划—房屋与心灵审计

1. 带着圣油和圣言**走过你家中的每个房间。**
2. **请求圣灵**突出那些不属于上帝的物品或礼物。
3. **烧掉或丢弃**与神秘学、偶像崇拜或不道德行为有关的物品。
4. 用以下经文**关闭所有门**：
    - *申命记 7:26*
    - *使徒行传 19:19*
    - *哥林多后书 6:16-18*

小组讨论与激活

- 分享您曾经拥有过的任何对您的生活产生不同寻常影响的物品或礼物。
- 一起创建"房屋清洁清单"。
- 指定合作伙伴为彼此的家庭环境祈祷（经许可）。
- 邀请当地的救赎牧师来领导一次预言性的家庭净化祈祷。

事工工具：圣膏油、敬拜音乐、垃圾袋（用于真正丢弃）以及用于销毁物品的防火容器。

关键洞察

您在自己的空间中允许的事物可以授权精神进入您的生活。

反思日志

- 我的家里或衣柜里有哪些物品的精神来源不明确？
- 我是否因为感情因素而保留了某些东西，而现在却需要放弃它？
- 我准备好为圣灵净化我的空间了吗？

净化祈祷

主耶稣，我恳求祢的圣灵显明我家中一切不属祢的。我弃绝一切被咒诅的物件、礼物，或与黑暗相连的物品。我宣告我的家为圣地。愿祢的平安与圣洁居住于此。奉耶稣的名，阿们。

第五天：被迷惑与被欺骗—摆脱占卜之灵的束缚

"这些人是至高神的仆人，对我们传说救人的道。"—*使徒行传 16:17 (NKJV)*

"保罗心里厌烦，转身对那鬼说：'我奉耶稣基督的名,吩咐你从她身上出来。'那鬼当时就出来了。"—
使徒行传 16:18

预言和占卜之间只有一线之隔—而如今许多人都在不自知的情况下跨越了这条界线。

从YouTube上收取"个人言论"费用的先知,到社交媒体上塔罗牌占卜师引用经文,世界已然沦为精神噪音的市场。可悲的是,许多信徒正在不知不觉中饮用被污染的溪水。

占卜之灵模仿圣灵。它奉承、引诱、操纵情绪,并将受害者困于控制之网。它的目标?**是灵性上的纠缠、欺骗和奴役。**

全球占卜表达

- **非洲**—神谕、伊法祭司、水灵媒介、预言欺诈。
- **亚洲**—看手相的人、占星家、祖先预言家、轮回转世"先知"。
- **拉丁美洲**—萨泰里阿教的先知、符咒制造者、拥有黑暗力量的圣人。
- **欧洲**—塔罗牌、千里眼、中等圈子、新时代通灵。

- **北美**—"基督教"通灵者、教堂里的命理学、天使卡、伪装成圣灵的精神向导。

危险的不仅仅是他们所说的话,还有其背后的**精神**。

见证:从千里眼到基督

一位美国女性在YouTube上见证了她如何从"基督教女先知"的身份,逐渐意识到自己正受到占卜之灵的操控。她开始清晰地看到异象,发出详细的预言,并在网上吸引了大批观众。但她也一直在与抑郁症、噩梦作斗争,每次祈祷后都会听到低语。

*使徒行传16章*的教导时,她恍然大悟。她意识到自己从未顺服圣灵—只顺服了她自己的恩赐。在深刻悔改并得到释放之后,她销毁了天使卡和记录着各种仪式的禁食日记。如今,她传讲的是耶稣,不再是"言语"。

行动计划—测试精神

1. 问:这句话/礼物是否吸引我走向**基督**,或者走向给予它的**人**?
2. *约翰一书 4:1-3*来测试每一种精神。
3. 忏悔任何与通灵、神秘或伪预言行为有关的行为。

4. 断绝与假先知、占卜者或巫术导师的所有灵魂联系（即使是在线的）。
5. 大胆地宣布：

我拒绝一切谎言的灵。我只属于耶稣。我的耳朵聆听祂的声音！

团体申请

- 讨论：你是否曾经追随过后来被证明是错误的先知或精神导师？
- 小组练习：引导成员放弃占星术、灵魂阅读、心理游戏或非源于基督的精神影响者等特定做法。
- 邀请圣灵：留出10分钟的静默和聆听。然后分享上帝的启示—如果有的话。
- 烧毁或删除与占卜相关的数字/实物物品，包括书籍、应用程序、视频或笔记。

事工工具：
拯救油、十字架（顺从的象征）、丢弃象征性物品的箱子/桶、以圣灵为中心的敬拜音乐。

关键洞察

并非所有超自然现象都来自上帝。真正的预言源于与基督的亲密关系，而非操纵或奇观。

反思日志

- 我是否曾被通灵或操纵性的精神实践所吸引？
- 我是否对"文字"比对上帝的话语更着迷？
- 我给予了哪些现在需要压制的声音？

拯救祷告

父啊，我不再认同一切占卜、操纵和假预言的灵。我悔改，因为我寻求祢声音以外的指引。求祢洁净我的心思、我的灵魂和我的灵。教导我唯独靠祢的灵而行。我关闭所有我有意或无意打开的通往神秘学的门。我宣告耶稣是我的牧者，我只听祂的声音。奉耶稣大能的名，阿们。

第六天：眼之门—关闭黑暗之门

眼睛是身上的灯。你的眼睛若了明，全身就光明。—*马太福音 6:22（NIV）*

"我不将邪僻的事摆在我眼前……"—*诗篇101:3（KJV）*

在属灵的领域，**你的眼睛就像一道道大门。**透过眼睛进入的事物会影响你的灵魂—无论是纯洁的还是污染的。仇敌深知这一点。正因如此，媒体、图像、色情、恐怖电影、神秘符号、时尚潮流和诱惑性内容才成为战场。

争夺你的注意力的战争就是争夺你的灵魂的战争。

许多人认为的"无害娱乐"往往是一种隐秘的邀请—引向欲望、恐惧、操纵、骄傲、虚荣、反叛，甚至是恶魔般的依恋。

视觉黑暗的全球门户

- **非洲**—仪式电影、尼日利亚电影主题，使巫术和一夫多妻制正常化。
- **亚洲**—带有精神门户、诱人灵魂和星体旅行的动漫和漫画。

- **欧洲**—哥特式时尚、恐怖电影、吸血鬼迷恋、撒旦艺术。
- **拉丁美洲**—歌颂巫术、诅咒和复仇的电视剧。
- **北美**—主流媒体、音乐视频、色情内容、"可爱"的恶魔卡通。

如果你一直注视着某样东西,你就会对其变得麻木。

故事:"诅咒我孩子的动画片"

一位来自美国的母亲注意到她五岁的孩子开始在夜里尖叫,并画出令人不安的图像。祷告之后,圣灵指引她去看儿子一直在偷偷观看的一部动画片—里面充满了咒语、会说话的幽灵以及她之前没有注意到的符号。

她删除了这些节目,并为房子和屏幕涂上圣油。经过几个晚上的午夜祈祷和吟诵诗篇第91篇后,这些症状停止了,男孩也开始安然入睡。她现在领导着一个互助小组,帮助父母守护孩子的视觉之门。

行动计划—净化眼门

1. 做一个**媒体审计**:你在看什么?读什么?还是在浏览什么?
2. 取消那些满足你的肉体而不是你的信仰的订阅或平台。

3. 涂抹你的眼睛和屏幕，宣告诗篇 101:3。
4. 用神圣的内容取代垃圾—纪录片、崇拜、纯粹的娱乐。
5. 宣布：

"我不会把任何邪恶之物摆在我眼前。我的眼光属于上帝。"

团体申请

- 挑战：为期 7 天的眼门禁食 – 不接触有害媒体，不进行闲置滚动。
- 分享：圣灵告诉你不要再看什么内容？
- 练习：把手放在眼睛上，摒弃任何视觉上的污秽（例如，色情、恐怖、虚荣）。
- 活动：邀请成员删除应用程序、烧毁书籍或丢弃有损视力的物品。

工具：橄榄油、问责应用程序、经文屏幕保护程序、眼门祈祷卡。

关键洞察

如果你被恶魔所娱乐，你就无法战胜恶魔。

反思日志

- 我该给我的眼睛喂些什么,以免它给我的生活带来黑暗?
- 我上次为上帝伤心的事而哭泣是什么时候?
- 我是否已让圣灵完全控制我的屏幕时间?

纯洁祈祷

主耶稣,我祈求祢的宝血洗净我的双眼。求祢赦免我通过屏幕、书籍和想象所允许的事物。今天,我宣告我的眼睛寻求光明,不寻求黑暗。我拒绝一切不属于祢的形象、情欲和影响。求祢洁净我的灵魂,保守我的目光,让我以圣洁和真理,看见祢所看见的。阿们。

第七天：名字背后的力量—放弃不神圣的身份

"雅比斯求告以色列的神说：'愿你实在赐福给我……'神就应允了他的祈求。"
—*历代志上 4:10*

"从今以后，你的名不要再叫亚伯兰，要叫亚伯拉罕……"—*创世记 17:5*

名字不仅仅是标签—它们是属灵的宣告。在经文中，名字常常反映出命运、性格，甚至是束缚。命名某物，就是赋予它身份和方向。仇敌深谙此道—这就是为什么许多人不知不觉地被困在那些因无知、痛苦或属灵捆绑而起的名字之下。

正如上帝改变名字（亚伯兰改为亚伯拉罕，雅各改为以色列，撒莱改为撒拉），他仍然通过重新命名他的子民来改变命运。

姓名束缚的全球背景

- **非洲**—孩子以已故祖先或偶像的名字命名（"Ogbanje"、"Dike"、"Ifunanya"等，含义相关）。
- **亚洲**—轮回名与因果循环或神灵相关。

- **欧洲**—源于异教或巫术传统的名字（例如，Freya、Thor、Merlin）。
- **拉丁美洲**—受萨泰里阿教影响的名字，尤其是通过精神洗礼。
- **北美**—名称取自流行文化、反叛运动或祖先奉献。

名字很重要—它们可以承载力量、祝福或束缚。

故事："我为什么要给女儿改名"

在《伟大的功绩》第14卷中，一对尼日利亚夫妇给他们的女儿取名为"阿玛卡"，意为"美丽"，但她却患上了一种罕见的疾病，令医生们百思不得其解。在一次预言会议中，这位母亲得到了启示：这个名字曾被她的祖母——一位巫医—使用过，而她的祖母的灵魂现在正在占据这个孩子。

他们把她的名字改为"Oluwatamilore"（上帝保佑我），并进行了禁食和祈祷。孩子已经完全康复了。

另一个来自印度的案例涉及一位名叫"Karma"的男子，他一直在与世代相传的诅咒作斗争。在断绝与印度教的联系并改名为"Jonathan"后，他的财务和健康状况开始好转。

行动计划—调查你的名字

1. 研究您名字的完整含义—名字、中间名、姓氏。
2. 询问父母或长辈为什么给你起这些名字。
3. 在祈祷中放弃消极的精神意义或奉献。
4. 宣告你在基督里的神圣身份：

"我是奉上帝的名被召的。我的新名记录在天上。（启示录 2:17）"

团体参与

- 问成员们：你的名字是什么意思？你做过与名字相关的梦吗？
- 做一个"命名祈祷"—预言性地宣告每个人的身份。
- 为那些需要摆脱与契约或祖先束缚有关的名字的人施以援手。

工具：打印姓名含义卡、带上圣膏油、使用姓名变更的经文。

关键洞察

你不能一边坚守真实身份，一边又要回应虚假身份。

反思日志

- 我的名字在精神和文化上意味着什么？
- 我是否觉得自己与我的名字一致或相冲突？
- 天堂以什么名字称呼我？

更名祈祷

父啊，奉耶稣的名，我感谢祢赐给我基督里的新身份。我断绝一切与我名字相关的咒诅、约或邪灵的捆绑。我弃绝一切不符合祢旨意的名字。我领受天上赐予我的名字和身份—充满能力、目标和纯洁。奉耶稣的名，阿们。

第八天：揭开虚假的光—新时代的陷阱和天使的欺骗

"这也不足为奇！因为连撒但也装作光明的天使。"——哥林多后书 11:14

"亲爱的弟兄啊，一切的灵，你们不可都信，总要试验那些灵是出于神的不是……"—约翰一书 4:1

并非所有发光的都是上帝。

当今世界，越来越多的人在圣经之外寻求"光明"、"疗愈"和"能量"。他们转向冥想、瑜伽祭坛、第三眼激活、祖先召唤、塔罗牌解读、月亮仪式、天使通灵，甚至一些听起来像基督教的神秘主义。这种欺骗之所以强大，是因为它往往伴随着平安、美丽和力量一起初如此。

但这些运动的背后是占卜的灵魂、虚假的预言和戴着光明面具的古代神灵，以便合法地进入人们的灵魂。

虚假光芒的全球影响力

- **北美**—水晶、鼠尾草净化、吸引力法则、通灵术、外星光代码。

- **欧洲**—重新命名的异教、女神崇拜、白巫术、精神节日。
- **拉丁美洲**—萨泰里阿教与天主教圣徒、招魂术士（curanderos）融合。
- **非洲**—使用天使祭坛和仪式用水进行预言伪造。
- **亚洲**—脉轮、瑜伽"启蒙"、轮回咨询、寺庙精神。

这些做法可能会带来暂时的"光明"，但随着时间的推移，它们会使灵魂变得黑暗。

见证：从欺骗的光中解脱出来

来自*"更伟大的功绩"14*的英国女孩梅西（Mercy）一直在参加天使工作坊，并用香、水晶和天使卡进行"基督教"冥想。她相信自己正在接触上帝的光芒，但很快她开始在睡梦中听到声音，并在夜间感到莫名的恐惧。

她的解脱始于有人赠予她《*詹姆斯交换*》（*The Jameses Exchange*）一书，她意识到自己的经历与一位讲述天使欺骗的前撒旦教徒的经历有相似之处。她忏悔，**销毁**了所有神秘物品，并接受了彻底的解脱祈祷。

如今，她勇敢地站出来反对教堂里的新时代欺骗行为，并帮助其他人放弃类似的道路。

行动计划—测试精神

1. **盘点一下你的做法和信仰**—它们是否符合圣经，还是仅仅让人感觉有些精神上的东西？
2. **放弃并销毁**所有虚假的光材料：水晶、瑜伽手册、天使卡、捕梦网等。
3. **祈祷诗篇 119:105** – 祈求上帝让祂的话语成为你唯一的光。
4. **向混乱宣战**—束缚熟悉的精神和虚假的启示。

团体申请

- **讨论**：您或您认识的某个人是否曾被不以耶稣为中心的"精神"活动所吸引？
- **角色扮演辨别**：阅读"精神"格言的摘录（例如，"相信宇宙"）并将其与圣经进行对比。
- **涂油礼与拯救会议**：打破虚假光的祭坛，代之以*世界之光的契约*（约翰福音 8:12）。

事工工具：

- 携带实际的新时代物品（或它们的照片）进行实物教学。
- 为抵御邪灵提供拯救祷告（见使徒行传 16：16-18）。

关键洞察

撒旦最危险的武器不是黑暗，而是伪造的光。

反思日志

- 我是否通过并非根植于圣经的"光明"教义打开了精神之门？
- 我相信圣灵还是相信直觉和能量？
- 我是否愿意为了上帝的真理而放弃一切形式的虚假灵性？

放弃祈祷

父啊，我为我曾经接纳或接触过的一切虚假之光悔改。我弃绝一切形式的新纪元运动、巫术和欺骗性的灵性。我断绝一切与冒名天使、灵性指导和虚假启示的魂结。我接受耶稣，世上的真光。我宣告，奉耶稣的名，除了祢的声音，我不再听从任何声音。阿们。

第九天：血祭坛—需要生命的契约

"他们建筑巴力的邱坛……好使自己的儿女经火归给摩洛。" —耶利米书 32:35

"他们胜过那恶者，是因羔羊的血和自己所见证的道……" —启示录 12:11

有些祭坛不仅需要你的关注，它们还需要你的鲜血。

从古至今，血盟一直是黑暗国度的核心习俗。有些血盟是通过巫术、堕胎、仪式性杀戮或神秘仪式而有意缔结的。有些血盟是通过祖传习俗传承下来的，或是在不知情的情况下，因属灵的无知而缔结的。

无论何处流下无辜者的鲜血—无论是在神殿、卧室还是会议室—恶魔祭坛都会发出声音。
这些祭坛夺去生命，缩短命运，并为恶魔的折磨创造合法的场所。

全球血祭坛
- **非洲**—仪式性杀戮、金钱仪式、儿童祭祀、出生时的血契。

- **亚洲**—圣殿血祭、通过堕胎或战争誓言进行的家庭诅咒。
- **拉丁美洲**—萨泰里阿教的动物献祭,用血祭祀死者的灵魂。
- **北美**—堕胎为圣礼的意识形态、恶魔般的血誓兄弟会。
- **欧洲**—古老的德鲁伊和共济会仪式、二战时期的血腥祭坛仍然无人忏悔。

这些契约,除非被打破,否则会继续夺去生命,而且往往是循环往复。

真实故事:一位父亲的牺牲

在《*摆脱黑暗的力量*》一书中,一位来自中非的妇女在一次解脱过程中发现,她频繁与死神擦肩而过的经历与她父亲立下的血誓有关。她多年不孕,父亲承诺用财富换取她的生命。

父亲去世后,她每年生日都会看到阴影,经历险些丧命的意外。当她每天在心中默念诗篇118:17—"*我必不至死,仍要存活……*"—并随后进行一系列的弃绝祷告和禁食时,她的人生终于有了突破。如今,她带领着一个充满力量的代祷事工。

《*大功绩*》*第14卷*中的另一个故事描述了一位拉丁美洲男子,他参加了一个涉及流血的帮派入会仪式。多年后,即使接受了基督,他的生活仍然动荡不安—直到他通过长期禁食、公开忏悔和水洗礼打破了血之约。折磨才停止。

行动计划—让血祭坛安静下来

1. 对任何堕胎、隐血契约或遗传性流血事件**进行忏悔。**
2. **放弃**所有已知和未知的血盟。
3. **禁食三天**，每天领受圣餐，宣告耶稣的血是你的合法遮盖。
4. **大声宣告**：

"借着耶稣的宝血，我打破了所有为我立下的血约。我被救赎了！"

团体申请
- 讨论自然血缘关系和恶魔血盟之间的区别。
- 使用红丝带/线来代表血坛，并用剪刀预言性地剪断它们。
- 邀请已经摆脱血缘束缚的人来作证。

事工工具：
- 圣餐元素
- 圣膏油
- 拯救宣言
- 如果可能的话，烛光祭坛破镜重圆

关键洞察

撒旦用鲜血做交易。耶稣用他的血为你的自由付出了过高的代价。

反思日志

- 我或我的家人是否参与过任何涉及流血或誓言的事情？
- 我的血统中是否存在反复死亡、流产或暴力模式？
- 我是否完全相信耶稣的宝血会为我的生命发声？

拯救祷告

主耶稣，我感谢祢，祢的宝血比亚伯的血更美。我为我或我的祖先所立的一切血约，无论有意或无意，都悔改。我如今弃绝它们。我宣告，我已被羔羊的宝血遮盖。愿所有索要我性命的邪灵祭坛都安静下来，粉碎一切。我活着，因祢为我而死。奉耶稣的名，阿们。

第十天：不孕不育与破碎——当子宫变成战场

"在你的地上，必没有流产的，也不生育的。我必使你寿数满足。" —出埃及记 23:26

"他使不生育的妇人有家，作乐母。你们要称颂耶和华！" —诗篇 113:9

不孕不育不仅仅是一个医学问题，它也可能是一个精神堡垒，根植于深层的情感、祖先甚至领土之争。

在各个国家，不孕不育都被敌人用来羞辱、孤立和摧毁女性和家庭。虽然有些原因是生理性的，但很多都是深层次的精神因素—与世代祭坛、咒语、灵媒、堕胎或灵魂创伤息息相关。

每一个不孕的子宫背后，都有上天的应许。但在受孕之前，往往有一场战争必须打响—在子宫里，在心灵里。

全球不孕不育模式
- 非洲—与一夫多妻制、祖先诅咒、神社契约和灵魂孩子有关。
- 亚洲—因果信仰、前世誓言、世代诅咒、耻辱文化。
- 拉丁美洲—巫术导致子宫闭合、嫉妒咒语。

- **欧洲**—过度依赖试管婴儿、共济会儿童祭祀、堕胎罪恶感。
- **北美**—情感创伤、心灵创伤、流产周期、激素改变药物。

真实故事—从泪水到见证
来自玻利维亚（拉丁美洲）的玛丽亚

玛丽亚曾流产五次。每次她都会梦见怀抱啼哭的婴儿，第二天早上就会看到血迹。医生无法解释她的症状。在阅读了《更伟大的功绩》中的一篇证词后，她意识到自己从祖母那里继承了一座家族祭坛，而祖母将所有女性的子宫都献给了当地的一位神祇。

她禁食并诵读诗篇113篇14天。她的牧师带领她用圣餐打破了圣约。九个月后，她生下了一对双胞胎。

来自尼日利亚（非洲）的恩戈

齐结婚十年，却一直没有孩子。在祈祷中，她得知自己在灵界嫁给了一位海军陆战队员。每次排卵期，她都会做性梦。在做了一系列午夜战争祈祷，并预示着烧掉她过去参加神秘仪式时所戴的结婚戒指后，她的子宫打开了。

行动计划—打开子宫

1. **找出根源**—祖先的、情感的、婚姻的还是医学的。
2. **忏悔过去的堕胎**、灵魂束缚、性罪孽和神秘奉献。
3. **每天为你的子宫涂油，**同时宣读出埃及记 23:26 和诗篇 113。
4. **禁食三天**，每天领圣餐，拒绝所有与你的子宫相关的祭坛。
5. **大声说出来：**

我的子宫蒙福。我拒绝一切不孕之约。我将借着圣灵的力量怀孕，并顺利产下孩子！

团体申请

- 邀请女性（和夫妇）在安全、虔诚的空间里分担拖延的负担。
- 用红色围巾或布条系在腰间—然后预言性地解开，作为自由的标志。
- 主持一场预言性的"命名"仪式—通过信仰宣告尚未出生的孩子。
- 在祈祷圈中打破言语诅咒、文化耻辱和自我憎恨。

事工工具：

- 橄榄油（涂抹子宫）

- 圣餐
- 披肩/披肩（象征覆盖和新鲜）

关键洞察

荒芜并非终结—它是对战争、信仰和复兴的呼唤。上帝的延迟并非拒绝。

反思日志
- 哪些情感或精神创伤与我的子宫有关？
- 我是否让羞耻或痛苦取代了我的希望？
- 我是否愿意用信念和行动来面对根本原因？

治愈与受孕祈祷

父啊，我坚守祢的圣言，祢的圣言说，地上无不孕育。我拒绝一切阻挠我生育的谎言、祭坛和邪灵。我饶恕自己，也饶恕那些对我身体说恶话的人。我得着医治、复兴和生命。我宣告我的子宫硕果累累，我的喜乐充满。奉耶稣的名，阿们。

第 11 天：自身免疫性疾病和慢性疲劳—内心的无形战争

"一所自相纷争的家庭，必站立不住。" —马太福音 12:25

"软弱的，他赐能力；软弱的，他加力量。" —以赛亚书 40:29

自身免疫性疾病是指身体误将自身细胞视为敌人，从而攻击自身。狼疮、类风湿性关节炎、多发性硬化症、桥本氏病等都属于此类。

慢性疲劳综合征（CFS）、纤维肌痛和其他不明原因的疲劳症常常与自身免疫性疾病相伴。但除了生理上的困扰外，许多患者还承受着情感创伤、心灵创伤和精神负担。

身体在呐喊—不仅需要药物，更需要平静。许多人内心都在挣扎。

全球一瞥
- **非洲**—与创伤、污染和压力有关的自身免疫诊断不断增加。
- **亚洲**—甲状腺疾病的高发病率与祖先压制和耻辱文化有关。

- **欧洲和美国**—绩效驱动型文化导致慢性疲劳和倦怠流行。
- **拉丁美洲**—患者经常被误诊；遭受耻辱和通过灵魂分裂或诅咒进行的精神攻击。

隐藏的精神根源
- **自我憎恨或羞耻**—感觉"不够好"。
- **无法原谅自己或他人**—免疫系统模仿精神状态。
- **未经处理的悲伤或背叛**会导致灵魂疲惫和身体崩溃。
- **巫术痛苦或嫉妒之箭**—用于消耗精神和体力。

真实故事—黑暗中的战斗

来自西班牙的埃琳娜（Elena）在长期遭受虐待的关系中被诊断出患有狼疮，这段关系让她精神崩溃。在治疗和祈祷中，她发现自己内心深处充满了仇恨，认为自己一文不值。当她开始原谅自己，并用圣经面对心灵创伤时，她的病情发作大大减少。她见证了圣经的医治力量和心灵的净化。

来自美国的詹姆斯

詹姆斯是一位充满干劲的企业高管，在经历了20年持续不断的压力后，因慢性疲劳综合症而病倒。在被释放的过程中，他发现家族中的男人们一直饱受着代代相传的"拼搏不休息"的诅咒。他进入了安息日、祷告和忏悔的时期，不仅恢复了健康，也找到了自我。

行动计划—治愈心灵和免疫系统
1. **诵读诗篇 103:1-5** – 尤其是第 3-5 节。
2. **列出你内心的信念**—你对自己说了什么？打破谎言。
3. **深深地原谅**—尤其是原谅你自己。
4. **领受圣餐**来重新设定身体之约—参见以赛亚书 53 章。
5. **在上帝里安息**—安息日不是可有可无的，而是对抗倦怠的精神战争。

我宣告我的身体并非我的敌人。我体内的每一个细胞都将与神圣的秩序与平安相契合。我领受上帝的力量与医治。

团体申请
- 让成员分享他们隐藏的疲劳模式或情绪疲惫。
- 做一个"灵魂倾倒"练习—写下负担，然后象征性地烧掉或埋葬它们。
- 为那些患有自身免疫症状的人施以援手；指挥平衡与和平。
- 鼓励记录 7 天的情绪触发因素和治疗经文。

事工工具：
- 精油或芳香膏，提神醒脑

- 日记本或记事本
- 诗篇23篇冥想配乐

关键洞察

攻击灵魂的，往往在身体上显现。疗愈必须由内而外。

反思日志
- 我的身体和思想是否感到安全？
- 我是否因过去的失败或创伤而感到羞耻或自责？
- 我可以做些什么来开始尊重休息与和平作为精神实践？

恢复祈祷

主耶稣，祢是我的医治者。今天，我拒绝一切关于我破碎、污秽或注定灭亡的谎言。我饶恕自己，也饶恕他人。我祝福我身体的每一个细胞。我得着心灵的平安，免疫系统也得到调和。因祢受的鞭伤，我得医治。阿们。

第 12 天：癫痫与精神折磨—当心灵变成战场

"主啊，可怜我的儿子！他害疯病，甚是恼怒，屡次跌在火里，又屡次跌在水里。" —马太福音 17:15

"神赐给我们，不是胆怯的心，乃是刚强、仁爱、谨守的心。" —提摩太后书 1:7

有些痛苦不仅仅是医学上的—它们是伪装成疾病的精神战场。

癫痫、癫痫发作、精神分裂症、躁郁症发作以及精神折磨的模式往往有着难以察觉的根源。虽然药物治疗有其作用，但洞察力至关重要。在许多圣经记载中，癫痫发作和精神攻击都是邪灵压迫的结果。

现代社会对耶稣所*摒弃的东西施以药物*。

全球现实

- **非洲**—癫痫发作通常被归因于诅咒或祖先灵魂。
- **亚洲**—癫痫患者常常因羞耻和精神耻辱而隐藏自己的病情。
- **拉丁美洲**—精神分裂症与世代巫术或堕落职业有关。
- **欧洲和北美**—过度诊断和过度用药往往会掩盖疾病的根本原因。

真实故事—火中拯救

来自尼日利亚北部的穆萨

穆萨自幼患有癫痫。他的家人尝试了各种方法—从当地医生到教堂祈祷。有一天，在一次驱魔仪式上，圣灵启示穆萨，他的祖父曾把他作为巫术交换的对象。在打破契约并为他涂油之后，他再也没有癫痫发作过。

来自秘鲁的丹尼尔

丹尼尔被诊断患有躁郁症，饱受狂暴梦境和声音的折磨。后来，他发现父亲曾在山里秘密参与撒旦仪式。祈求救赎的祷告和三天的禁食让他清醒过来。那些声音消失了。如今，丹尼尔平静下来，恢复了健康，并准备开始传道工作。

值得关注的迹象
- 没有已知神经系统原因的反复癫痫发作。
- 声音、幻觉、暴力或自杀想法。

- 祈祷时失去时间或记忆、无法解释的恐惧或身体痉挛。
- 家庭中存在精神错乱或自杀的现象。

行动计划—掌控思想
1. **忏悔所有已知的神秘联系、创伤或诅咒。**
2. **每天按手在头上，宣告你心智健全（提摩太后书 1:7）。**
3. **禁食并祈祷战胜束缚心灵的邪灵。**
4. **违背祖先的誓言、奉献或血统的诅咒。**
5. **如果可能的话，加入一个强大的祈祷伙伴或拯救团队。**

我拒绝一切折磨、抽搐和混乱的灵。奉耶稣的名，我得着健全的心智和稳定的情绪！

小组事工与应用
- 确定精神疾病或癫痫发作的家庭模式。
- 为那些受苦的人祈祷—在额头上涂抹圣膏油。
- 让代祷者在房间里走动，宣告"住了吧，安静了！"（马可福音 4:39）
- 邀请受影响的人打破口头协议："我没有疯。我已经痊愈了，而且完整了。"

事工工具：
- 圣膏油
- 治愈宣言卡

- 敬拜音乐传递和平与认同

关键洞察

并非所有苦难都只是肉体上的。有些苦难根源于古老的契约和邪灵的法律依据，必须从属灵角度来解决。

反思日志

- 我是否曾在思想或睡眠中遭受过折磨？
- 是否存在未愈合的创伤或需要我关闭的精神之门？
- 我每天可以宣告什么真理来将我的思想锚定在上帝的话语上？

健全祈祷

主耶稣，祢是我心灵的修复者。我弃绝一切攻击我大脑、情绪和清醒的盟约、创伤或邪灵。我得着医治，心智健全。我宣告我要活下去，不死。我要全力以赴，奉耶稣的名。阿们。

第 13 天：恐惧之灵—打破无形折磨的牢笼

因为神赐给我们，不是胆怯的心，乃是刚强、仁爱、谨守的心。—提摩太后书 1:7

"*惧怕里含着刑罚……*" —约翰一书 4:18

恐惧不仅仅是一种情绪，它可以是一种*精神*。
它在你开始之前就悄悄地告诉你失败。它放大了拒绝。它削弱了目标。它使国家陷入瘫痪。
许多人都身处因恐惧而建起的无形监狱：对死亡、失败、贫穷、人、疾病、精神战争和未知的恐惧。
在许多焦虑症、恐慌症和非理性恐惧症的背后，隐藏着一项精神任务，即**中和命运**。

全球表现

- **非洲**—恐惧根源于世代诅咒、祖先报复或巫术反弹。
- **亚洲**—文化耻辱、因果恐惧、轮回焦虑。
- **拉丁美洲**—对诅咒、村庄传说和精神报复的恐惧。
- **欧洲和北美**—隐藏的焦虑、诊断出的疾病、对对抗、成功或被拒绝的恐惧—通常是精神上的，但被贴上了心理的标签。

真实故事—揭开精神的面纱
来自加拿大的莎拉

多年来,莎拉在黑暗中无法入睡。她总是感觉房间里有什么东西。医生诊断为焦虑症,但没有任何治疗有效。在一次线上释放过程中,她得知童年时期的恐惧通过噩梦和恐怖电影,打开了一扇通往折磨灵魂的大门。她悔改了,放弃了恐惧,并命令它离开。现在,她安然入睡了。

来自尼日利亚的Uche

乌切蒙召去传道,但每次站在众人面前,他都僵住了。那种恐惧非同寻常—令人窒息,瘫痪无力。在祷告中,上帝向他展示了一个咒骂词,那是小时候一位老师嘲笑他嗓音时说的。这个词构成了一条精神锁链。一旦被打破,他便开始勇敢地传道。

行动计划—克服恐惧
1. **说出任何恐惧**:"我以耶稣的名义放弃对[_____]的恐惧。"
2. **每天大声朗读诗篇第 27 篇和以赛亚书第 41 篇。**
3. **崇拜直到和平取代恐慌。**
4. **远离基于恐惧的媒体—恐怖电影、新闻、八卦。**

5. **每天宣告**："我心智健全。我不是恐惧的奴隶。"

团体申请 - 社区突破
- 询问小组成员：什么恐惧最让你无力？
- 分成小组，带领大家进行**放弃**和**替代的祈祷**（例如，恐惧→勇敢，焦虑→信心）。
- 让每个人写下一件令自己恐惧的事情，然后将其烧掉，作为一种预言行为。
- 互相使用*圣膏油*和*圣经忏悔*。

事工工具：
- 圣膏油
- 经文宣告卡
- 敬拜歌曲：伯特利的《不再为奴》

关键洞察

忍受恐惧，**信仰便被玷污**。

你无法同时勇敢和恐惧—选择勇敢。

反思日志
- 我从小就害怕什么？
- 恐惧如何影响我的决定、健康或人际关系？
- 如果我完全自由，我会做些什么不同的事情？

摆脱恐惧的祈祷

父啊,我弃绝恐惧的灵。我关闭所有因创伤、言语或罪而使恐惧得以进入的门。我领受能力、**爱**和健全心智的灵。奉耶稣的名宣告,我拥有勇气、平安和得胜。恐惧在我的生命中不再存在。阿们。

第十四天：撒旦标记—抹去邪恶的烙印

"从今以后，人都不要搅扰我，因为我身上带着耶稣的印记。" —加拉太书 6:17

"他们要把我的名赐给以色列人，我要赐福给他们。" —民数记 6:27

许多命运都是在精神领域中默默*标记的*—不是由上帝，而是由敌人。

这些撒旦印记可能以奇怪的身体特征、纹身或烙印的梦境、创伤性虐待、血祭仪式或世袭的祭坛等形式出现。有些是看不见的—只有通过灵性敏锐才能辨别—而另一些则以身体特征、恶魔纹身、灵性烙印或持续性病痛的形式出现。

当一个人被敌人标记时，他们可能会经历：
- 不断无缘无故地遭到拒绝和仇恨。
- 反复的精神攻击和阻塞。
- 某些年龄段的过早死亡或健康危机。
- 被精神追踪—在黑暗中始终可见。

这些标记起到*合法标签*的作用，允许黑暗灵魂进行折磨、拖延或监视。

但耶稣的血**可以洗净**并**重塑**。

全局表达式

- **非洲**—部落标记、仪式性割痕、神秘的入会伤疤。
- **亚洲**—精神印记、祖先象征、业力标记。
- **拉丁美洲**—Brujeria（巫术）入会标记、仪式中使用的出生标志。
- **欧洲**—共济会徽章、召唤精神指引的纹身。
- **北美**—新时代的象征、仪式虐待纹身、通过神秘契约的恶魔烙印。

真实故事—品牌重塑的力量
来自乌干达的大卫

大卫经常遭受拒绝。尽管他才华横溢，却无人能解释原因。在祈祷中，一位先知看到他额头上有一个"属灵的X"—这是童年时乡村牧师仪式留下的印记。在救赎之旅中，膏油和耶稣宝血的宣告将这个印记从属灵上抹去。几周后，他的人生发生了翻天覆地的变化—他结婚了，找到了工作，并成为了一名青年领袖。

来自巴西的桑德拉

桑德拉因青少年叛逆时期留下了一个龙纹身。在将生命献给基督后，她注意到每当她禁食或祈祷时，都会受到强烈的灵攻击。她的牧师辨别出这个纹身是一个与监视灵有关的恶魔符号。经过一段时间的忏悔、祈祷和内心疗愈后，她去掉了纹身，打破了魂结。她的噩梦立刻停止了。

行动计划—抹去痕迹
1. **请求圣灵**揭示你生活中任何精神或身体的标记。
2. 对任何因个人原因或继承原因而参与的仪式表示**忏悔。**
3. **将耶稣的血涂抹**在你的身体上－－额头、手、脚。
4. **打破监视精神、灵魂纽带和**与标记相关的合法权利（见下文经文）。
5. 与黑暗契约相关的**物理纹身或物品（如引导）。**

团体申请 - 基督里的重塑
- 询问小组成员：你曾经有过烙印或者梦想过被烙印吗？
- **净化和重新献身**于基督的祈祷。
- 用油抹在额头上并宣告："你现在带有主耶稣基督的印记。"
- 摆脱监视精神并在基督里重塑他们的身份。

事工工具：
- 橄榄油（祝福用于涂油）

- 镜子或白布（象征性清洗行为）
- 圣餐（印证新身份

关键洞察
精神上标记的东西会**在精神上被看到**—去除敌人用来标记你的东西。

反思日志
- 我是否曾在自己的身上看到过无法解释的奇怪痕迹、瘀伤或符号？
- 我需要放弃或去除哪些物品、穿孔或纹身？
- 我是否已完全将我的身体重新奉献为圣灵的殿堂？

重塑品牌的祈祷

主耶稣，我弃绝一切不合祢旨意、在我身体或灵里所立的印记、约和奉献。借着祢的宝血，我除去一切撒但的烙印。我宣告，我单单为基督受印记。愿祢的所有权印记在我身上，让一切监视的灵从现在起不再追踪我。我不再被黑暗所看见。我得以自由行走—奉耶稣的名，阿们。

第 15 天：镜境—逃离反射的牢笼

"我们如今仿佛对着镜子观看，模糊不清，到那时就要面对面了……" —哥林多前书 13:12

"他们有眼睛却看不见，有耳朵却听不见……" —诗篇 115:5-6

灵界中有一个**镜像领域——一个充斥着***虚假身份*、灵性操控和黑暗倒影的地方。许多人在梦境或异象中看到的，或许并非来自上帝的镜子，而是来自黑暗王国的欺骗工具。

在神秘学中，镜子被用来**捕获灵魂**、**监视生命**或**转移人格**。在一些催眠疗程中，人们报告说看到自己"活"在另一个地方—镜子里、屏幕上，或精神层面的帷幕后面。这些并非幻觉。它们通常是撒旦的囚笼，旨在：

- 灵魂碎片
- 延缓命运
- 混淆身份
- 主持替代精神时间线

目的是什么？创造一个*虚假的*你，让你活在恶魔的控制之下，而真实的你则生活在困惑和挫败之中。

全局表达式

- **非洲**——巫师使用镜子巫术来监视、诱捕或攻击。
- **亚洲**——萨满使用碗中的水或抛光的石头来"看见"和召唤灵魂。
- **欧洲**——黑镜仪式,通过反射进行通灵术。
- **拉丁美洲**——阿兹特克传统中通过黑曜石镜子进行占卜。
- **北美**——新时代镜像门户,通过镜像凝视进行星体旅行。

证言一"镜中女孩"
来自菲律宾的玛丽亚

玛丽亚曾梦见自己被困在一个满是镜子的房间里。每当她在生活中取得进步,她就会在镜子里看到一个自己的影子,把她往后拉。一天晚上,在接受释放的过程中,她尖叫起来,描述自己看到自己"从镜子里走出来",获得了自由。她的牧师为她的眼睛涂油,引导她放弃对镜子的操控。从那以后,她的头脑、事业和家庭生活都发生了翻天覆地的变化。

来自苏格兰的大卫

曾经沉迷于新时代冥想,练习"镜影疗法"。随着时间的推移,他开始听到声音,看到自己做一些从未想过的事情。接受基督后,一位救赎牧师打破了镜影疗法的束缚，并为他的心灵祈祷。大卫说，多年来第一次感觉"迷雾散去"。

行动计划—打破镜子魔咒

1. **放弃**所有已知或未知的与精神用途的镜子的联系。
2. 在祈祷或禁食期间（如果有的话），用布**盖住家里的所有镜子。**
3. **涂抹你的眼睛和额头**—宣告你现在只看到上帝所看到的东西。
4. **使用圣经**来宣告你在基督里的身份，而不是虚假的反思：
    - *以赛亚书 43:1*
    - *哥林多后书 5:17*
    - *约翰福音 8:36*

团体申请 – *身份恢复*

- 问：你是否曾经做过与镜子、替身或被监视有关的梦？
- 带领一场身份恢复的祈祷—宣告摆脱虚假的自我。
- 将手放在眼睛上（象征性地或祈祷中）并祈求视力清晰。

- 在小组中使用镜子来预言性地宣告："*我就是上帝所说的我。没有别的。*"

事工工具：
- 白布（遮盖符号）
- 涂抹橄榄油
- 预言镜宣言指南

关键洞察

敌人喜欢扭曲你对自己的看法—因为你的身份是你命运的入口。

反思日志
- 我是否相信过有关我身份的谎言？
- 我是否曾经参加过镜子仪式或在不知情的情况下允许镜子巫术？
- 上帝如何评价我？

镜界自由祈祷

天父，我打破与镜中世界的一切约定—所有黑暗的倒影、灵性双重身分以及伪造的时间线。我弃绝一切虚假的身份。我宣告，我就是祢所说的我。靠着耶稣的宝血，我走出倒影的牢笼，进入我圆满的人生目标。从今天起，我将以圣灵的眼光，以真理和明晰来看待一切。奉耶稣的名，阿们。

第16天：打破咒骂的束缚—恢复你的名字和你的未来

"生死在舌头的权下……" —箴言 18:21

"凡为攻击你造成的器械必不利用；凡在审判时兴起用舌头攻击你的，你都要定罪……" —以赛亚书 54:17

言语不仅仅是声音—它们是**属灵的容器**，承载着祝福或束缚的力量。许多人不知不觉地承受着父母、老师、属灵领袖、前任，甚至他们自己口中**咒诅的重压。**
有些人之前已经听说过这些：

- "你永远不会有出息。"
- "你就像你父亲一样—没用。"
- "你触碰的一切都失败了。"
- "如果我得不到你，那么就没有人能得到你。"
- "你被诅咒了……看着办吧。"

*"我真希望我从未出生"*或*"我永远不结婚"*这样自言自语的咒骂，也能给敌人提供合法的借口。

全局表达式

- **非洲**—部落的诅咒、父母对叛乱的诅咒、市场上的诅咒。
- **亚洲**—基于因果的言语宣言，对孩子宣读祖先的誓言。

- **拉丁美洲**—Brujeria（巫术）诅咒通过口头语言激活。
- **欧洲**—口头诅咒，自我实现的家庭"预言"。
- **北美**—言语辱骂、神秘吟唱、自我憎恨的肯定。

无论是低声说还是大声喊，充满情感和信念的咒骂都会在精神上产生影响。

证言一"当我的母亲谈论死亡"
凯莎（牙买加）

凯莎从小就听母亲说："*你毁了我的人生。*"每个生日，都会有不好的事情发生。21岁时，她试图自杀，因为她确信自己的生命毫无价值。在一次救赎仪式上，牧师问道："*是谁让你的人生走向死亡？*"她崩溃了。在放下这些话，放下宽恕之后，她终于体验到了快乐。现在，她教导年轻女孩们如何用生命战胜自己。

安德烈（罗马尼亚）

安德烈的老师曾说过："*你25岁之前要么进监狱，要么死。*"这句话一直萦绕在他的心头。他走上了犯罪的道路，24岁时被捕。在监狱里，他遇见了基督，意识到自己曾经认同的诅咒。他给老师写了一封宽恕信，撕毁了所有针对他的谎言，并开始宣讲上帝的应许。现在，他领导着一个监狱外展事工。

行动计划—扭转诅咒

1. 写下别人或你自己说过的负面言论。
2. 在祈祷中，**放弃每一个诅咒的字眼**（大声说出来）。
3. 说出这句话的人**表达宽恕**。
4. **说出上帝的真理**，用祝福取代诅咒：
   - *耶利米书 29:11*
   - *申命记 28:13*
   - *罗马书 8:37*
   - *诗篇 139:14*

小组申请—文字的力量

- 问：哪些言论塑造了你的身份—好的或坏的？
- 分组，大声（敏感地）破除诅咒，并用祝福来代替。
- 使用经文卡—每个人大声朗读有关他们身份的 3 个真理。
- 鼓励成员们开始为自己执行为期 7 天的*祝福法令*。

事工工具：

- 带有经文标识的抽认卡
- 用橄榄油涂抹口舌（圣洁的言语）
- 镜子宣言—每天对着镜子说真话

关键洞察

如果说了诅咒，那么它可以被打破—并且可以用新的生命之言来代替它。

反思日志

- 谁的话语塑造了我的身份？
- 我是否因为恐惧、愤怒或羞耻而诅咒自己？
- 上帝对我的未来有何看法？

打破咒诅的祷告

主耶稣，我弃绝一切咒诅我生命的声音—无论是家人、朋友、老师、爱人，甚至我自己。我饶恕一切宣告我失败、被拒绝或死亡的声音。奉耶稣的名，我现在打破这些话语的权势。我宣告我生命的祝福、恩惠和命运。我就是祢所说的我—蒙爱、蒙拣选、被医治、自由。奉耶稣的名，阿们。

第17天：摆脱控制和操纵

"巫术并不总是长袍和大锅—有时它是言语、情感和无形的束缚。"

悖逆的罪与行邪术的罪相等；顽梗的罪与拜虚神和偶像的罪相同。—
*撒母耳记上*15：23

巫术不仅存在于神殿中。它常常带着微笑，通过内疚、威胁、奉承或恐惧来操纵他人。圣经将叛逆—尤其是以不敬虔的方式控制他人的叛逆—等同于巫术。每当我们利用情感、心理或精神压力来控制他人的意志时，我们就走在了危险的境地。

全球表现

- **非洲**—母亲愤怒地咒骂孩子，恋人通过"巫术"或爱情药水捆绑他人，精神领袖恐吓追随者。
- **亚洲**—上师对弟子的控制、父母在包办婚姻中的勒索、能量线的操纵。
- **欧洲**—共济会誓言控制着世代行为、宗教罪恶感和统治。
- **拉丁美洲**—巫术被用来维系伴侣关系，以家庭诅咒为根源的情感勒索。

- **北美**—自恋的养育方式、伪装成"精神掩护"的操纵性领导、基于恐惧的预言。

巫术的声音常常低语："*如果你不这样做，你就会失去我，失去上帝的恩宠，或者遭受痛苦。*"
但真爱绝不会操纵。上帝的声音总能带来平安、明晰和选择的自由。

真实故事—打破隐形的束缚

来自加拿大的格蕾丝深深地投入到一个预言事工中，事工领袖开始指挥她可以和谁约会、住在哪里，甚至如何祷告。起初，她觉得这很属灵，但随着时间的推移，她觉得自己像个被他的观点所束缚的囚徒。每当她试图独立做决定时，都会被告知她是在"反抗上帝"。在经历了一次精神崩溃，并阅读了《更伟大的功绩》第14卷之后，她意识到这是魅力型巫术—伪装成预言的控制。格蕾丝放弃了与精神领袖的灵魂羁绊，为自己与操控的约定而忏悔，并加入了当地的一个疗愈社团。如今，她已完全康复，并帮助其他人摆脱宗教虐待。

行动计划—辨别人际关系中的巫术

1. 问问自己：*和这个人在一起我是否感到自由，或者我是否害怕让他们失望？*
2. 列出使用内疚、威胁或奉承作为控制工具的关系。

3. 放弃所有让你感到被支配或无声的情感、精神或灵魂束缚。
4. 大声祈祷，打破生活中每一个操纵的束缚。

圣经工具

- **撒母耳记上 15:23** - 叛乱和巫术
- **加拉太书 5:1** - "你们要站立得稳……不要再被奴仆的轭挟制。"
- **哥林多后书 3:17** - "主的灵在哪里，那里就得以自由。"
- **弥迦书3:5-7**—假先知使用恐吓和贿赂

小组讨论及应用

- 分享（如果需要可以匿名）您感觉精神或情感上受到操纵的一次经历。
- 角色扮演"说真话"的祈祷—放弃对他人的控制并收回你的意志。
- 让成员写信（真实的或象征性的）与控制人物断绝关系并宣告基督的自由。

事工工具：

- 配对拯救伙伴。
- 使用圣膏油来宣告思想和意志的自由。
- 使用圣餐来重建与基督的契约作为*唯一真正的庇护*。

关键洞察

哪里有操纵,哪里就有巫术猖獗。哪里有上帝的灵,哪里就有自由。

反思日志
- 我允许谁或什么来控制我的声音、意志或方向?
- 我是否曾使用过恐吓或奉承的手段来达到目的?
- 今天我将采取什么步骤来享受基督的自由?

拯救祷告

天父,我弃绝一切在我里面或周围操控我情绪、灵性和心理的方式。我斩断一切根植于恐惧、罪咎和控制的魂结。我脱离叛逆、辖制和恐吓。我宣告我唯独受祢的灵引导。我领受恩典,行走在爱、真理和自由之中。奉耶稣的名,阿们。

第18天：打破不宽恕和苦毒的力量

"不宽恕就像喝毒药并期望另一个人死去。"

"你们要谨慎，恐怕有毒根生出来扰乱你们，就沾染众人。"
—希伯来书 12:15

苦毒是无声的毁灭者。它可能始于伤害—背叛、谎言、失落—但如果任其发展，它会逐渐恶化，变成不宽恕，最终成为毒害一切的根源。

不宽恕会为折磨人的邪灵打开大门（马太福音18:34）。它会蒙蔽你的辨别力，阻碍你的医治，扼杀你的祷告，并阻断神大能的运行。

解脱不只是驱逐恶魔—而是释放你内心深处的东西。

全球苦涩表达

- **非洲**—部落战争、政治暴力和家庭背叛代代相传。
- **亚洲**—父母与子女之间的不尊重、种姓造成的伤害、宗教背叛。
- **欧洲**—一代人对虐待保持沉默，对离婚或不忠感到痛苦。

- **拉丁美洲**—腐败机构、家庭排斥、精神操纵造成的伤害。
- **北美**—教会受到伤害、种族创伤、父亲缺席、工作场所不公。

怨恨并不总是大声喊叫。有时，它会低声说："我永远不会忘记他们所做的事。"

但上帝说：*放手吧—不是因为他们值得，而是因为**你**值得。*

真实故事—不肯原谅的女人

来自巴西的玛丽亚45岁时第一次来寻求释放。她每晚都梦见自己被勒死。她患有胃溃疡、高血压和抑郁症。在治疗过程中，她坦白了自己对父亲的仇恨，父亲在她小时候虐待她，后来又抛弃了家庭。

她已成为一名基督徒，但从未原谅他。

当她哭泣着，将他释放到上帝面前时，她的身体一阵抽搐—有什么东西碎了。那天晚上，她20年来第一次安然入睡。两个月后，她的健康状况开始显著好转。现在，她以女性疗愈教练的身份分享自己的故事。

行动计划—拔掉苦根

1. **说出名字**—写下那些伤害你的人的名字—甚至是你自己或上帝（如果你暗自对他生气的话）。
2. **放手**—大声说："我选择原谅[姓名]的[具体冒犯]。我放手，也解放我自己。"

3. **烧掉它**—如果安全的话，烧掉或撕碎这张纸，作为释放的预言行为。
4. **祈求祝福**—即使你的情绪抵触。这是属灵的争战。

圣经工具
- *马太福音 18:21-35* - 不饶恕人的仆人的比喻
- *希伯来书 12:15* - 毒根使许多人被玷污
- *马可福音 11:25* - 宽恕，这样你的祷告就不会受到阻碍
- *罗马书 12:19-21* - 把复仇留给上帝

团体申请与事工
- 要求每个人（私下或以书面形式）说出他们难以原谅的人的名字。
- 分成祷告小组，使用下面的祷告来完成宽恕的过程。
- 主持一场预言性的"焚烧仪式"，将书面的罪行销毁，并用治愈宣言代替。

事工工具：
- 宽恕宣言卡
- 轻柔的器乐或浸浴崇拜
- 喜乐油（释放后涂抹）

关键洞察

不宽恕是敌人利用的大门。宽恕是斩断束缚绳索的宝剑。

反思日志

- 今天我需要原谅谁？
- 我是否已经原谅了自己—或者我正在为过去的错误惩罚自己？
- 我是否相信上帝能够弥补我因背叛或冒犯而失去的东西？

释放祈祷

主耶稣，我带着我的痛苦、愤怒和回忆来到祢面前。今天，我凭着信心选择饶恕所有伤害过、虐待过、背叛过或拒绝过我的人。我释放他们，使他们不再受审判，我也不再受苦毒的折磨。我祈求祢医治我一切的伤痛，并以祢的平安充满我。奉耶稣的名，阿们。

第十九天：从羞耻和谴责中得到医治

"羞耻说：'我很坏。'谴责说：'我永远不会自由。'但耶稣说：'你是我的，我已使你更新。'"
凡仰望他的，便有光荣；他们的脸必不蒙羞。—诗篇 *34:5*

羞耻不仅仅是一种感觉—它是仇敌的诡计。它是仇敌用来包裹那些堕落、失败或受过伤害之人的斗篷。它说："你无法靠近神。你太污秽了。太受伤害了。太有罪了。"

但谴责是一个**谎言**—因为在基督里，**没有谴责**（罗马书 8：1）。

许多寻求解脱的人最终却陷入困境，因为他们认为自己**不配获得自由**。他们背负着罪恶感，如同背负着警戒，如同破损的唱片般不断重演着自己最严重的错误。耶稣不仅为你的罪付出了代价，他还为你的耻辱付出了代价。

全球耻辱面孔
- **非洲**—强奸、不孕、无子女或不结婚等文化禁忌。
- **亚洲**—因家庭期望或宗教叛逃而产生的耻辱。

- **拉丁美洲**—因堕胎、参与神秘活动或家庭耻辱而产生的罪恶感。
- **欧洲**—因秘密的罪恶、虐待或精神健康问题而产生的隐藏的耻辱。
- **北美**—因上瘾、离婚、色情或身份混乱而感到羞耻。

羞耻在沉默中滋生，但在上帝之爱的光芒下却消亡。

真实故事—堕胎后的新名字

来自美国的贾斯敏在信主前堕过三次胎。虽然她得救了，但她无法原谅自己。每个母亲节都像是一种诅咒。当人们谈论孩子或养育子女时，她感觉自己被忽视了——更糟的是，她觉得自己不配。

在一次妇女退修会上，她听到了以赛亚书第61章的信息——"得双倍的福分，代替羞辱。" 她哭了。那天晚上，她给尚未出生的孩子写信，再次在主面前悔改，并在异象中看到耶稣赐给她新的名字："*亲爱的*"、"*母亲*"、"*复兴*"。

她现在为堕胎后的妇女提供服务，帮助她们重新找回基督的身份。

行动计划—走出阴影

1. **说出羞耻之处**—记录下你一直隐藏或感到内疚的事情。

2. **承认谎言**—写下你相信的指控（例如，"我很肮脏"，"我被取消资格"）。
3. **用真理代替**—大声宣告上帝对你所说的话（见下面的经文）。
4. **预言行动**—在一张纸上写下"羞耻"这个词，然后撕掉或烧掉。宣告：*"我不再受此束缚！"*

圣经工具

- *罗马书 8:1-2* - 在基督里不被定罪
- *以赛亚书 61:7* - 双倍的羞辱
- *诗篇 34:5* - 祂面前有光辉
- *希伯来书 4:16* - 勇敢地来到神的宝座前
- *西番雅书 3:19-20* - 上帝除去列国的羞耻

团体申请与事工

- 邀请参与者写下匿名的羞耻陈述（例如，"我堕过胎"，"我被虐待了"，"我犯了欺诈罪"）并将其放在密封的盒子里。
- 大声朗读《以赛亚书》第 61 章，然后带领大家进行交换祈祷—以哀悼换取欢乐，以灰烬换取美丽，以耻辱换取荣誉。
- 播放强调基督身份的崇拜音乐。

- 对那些准备放手的人说出预言。

事工工具：
- 身份申报卡
- 圣膏油
- 敬拜歌单，包含"You Say"（Lauren Daigle 演唱）、"No Longer Slaves"或"Who You Say I Am"等歌曲

关键洞察

羞耻是个贼。它偷走了你的声音、你的喜乐、你的权柄。耶稣不仅赦免了你的罪，更夺走了羞耻的权势。

反思日志
- 我所能回忆起的最早的羞耻记忆是什么？
- 我一直相信关于我自己的什么谎言？
- 我是否准备好像上帝一样看待自己—纯洁、光彩、被选中？

治愈祈祷

主耶稣，我将我的羞耻、我隐藏的痛苦，以及一切谴责的声音都带给你。我悔改，因为我曾认同仇敌对我的谎言。我选择相信你的话语—我已蒙赦免、被爱、被更新。我领受你的公义袍，步入自由。我走出羞耻，进入你的荣耀。奉耶稣的名，阿们。

第二十天：家庭巫术—当黑暗栖息在同一屋檐下

"并非所有敌人都在外面。有些敌人的面孔很熟悉。"
人的仇敌就是自己家里的人。—马太福音 *10:36*

一些最激烈的精神战斗不是在森林或神社中进行的，而是在卧室、厨房和家庭祭坛中进行的。

家庭巫术是指源自家庭内部（父母、配偶、兄弟姐妹、家属或远亲）的恶魔行为，通过嫉妒、神秘活动、祖先祭坛或直接的精神操纵进行。

当涉及的人是**我们所爱的人或与我们一起生活的人时，解脱就会变得复杂。**

全球家庭巫术案例

- **非洲**—嫉妒的继母通过食物发出诅咒；兄弟姐妹召唤鬼魂来对付更成功的兄弟。
- **印度和尼泊尔**—母亲在孩子出生时将其献给神灵；家庭祭坛用于控制命运。
- **拉丁美洲**—亲戚们秘密进行布鲁赫里教或萨泰里阿教，以操纵配偶或子女。

- **欧洲**—家族中隐藏的共济会或神秘誓言；传承下来的通灵或唯心论传统。
- **北美**—威卡教或新时代父母用水晶、能量净化或塔罗牌"祝福"他们的孩子。

这些力量可能隐藏在家庭感情的背后，但他们的目标是控制、停滞、疾病和精神束缚。

真实故事—我的父亲，村庄的先知

一位来自西非的女子，在她父亲的家庭中长大，她的父亲是一位备受尊敬的村落先知。在外人眼中，他是一位精神导师。在私下里，他会在院子里埋下符咒，为那些寻求庇护或复仇的家庭献祭。

她的生活中出现了奇怪的模式：反复的噩梦、失败的感情、以及莫名其妙的疾病。当她将生命献给基督时，她的父亲却背叛了她，宣称没有他的帮助，她永远不会成功。她的生活在接下来的几年里一直处于低谷。

经过数月的午夜祈祷和禁食，圣灵引领她断绝了与父亲神秘教派的一切灵魂联系。她将经文埋入墙壁，焚烧旧信物，并每日在门槛上涂抹圣油。慢慢地，她开始有所突破：她的健康恢复了，梦想清晰了，最终结婚了。现在，她帮助其他女性面对家庭祭坛。

行动计划—对抗熟悉的幽灵

1. **不带羞辱地辨别**—祈求上帝不带仇恨地揭示隐藏的力量。

2. **打破灵魂的协议**—放弃通过仪式、祭坛或口头誓言建立的一切精神联系。
3. **精神上的分离**—即使住在同一屋檐下,你也可以通过祈祷**在精神上分离。**
4. **净化您的空间**—用油和经文涂抹每个房间、物体和门槛。

圣经工具

- *弥迦书7:5-7*—不要信赖邻居
- *诗篇 27:10* - "虽然我父母离弃我……"
- *路加福音 14:26* - 爱基督胜过爱家人
- *列王纪下 11:1-3* - 隐藏的拯救,脱离凶残的太后
- *以赛亚书 54:17* - 凡制造的武器,必不利用

团体申请

- 分享来自家庭内部反对的经历。
- 祈祷在面对家庭阻力时能有智慧、勇气和爱。
- 带领大家进行祈祷,摆脱亲属的每一个灵魂束缚或口头诅咒。

事工工具:
- 圣膏油
- 宽恕宣言
- 解除契约的祷告
- 诗篇 91 篇祷告遮盖

关键洞察

血统可以是福祉,也可以是战场。你被召唤去救赎它,而不是被它统治。

反思日志

- 我是否曾遭受过亲近之人的精神抵抗?
- 我需要原谅某人吗—即使他们仍在进行巫术活动?
- 我是否愿意被区别开来,即使这会损害人际关系?

分离与保护的祈祷

父啊,我承认最大的阻力可能来自我最亲近的人。我饶恕家中每一位有意或无意地与我命定相悖的亲人。我断绝一切藉着我的家族所立的、与祢国度不符的魂结、咒诅和圣约。我奉耶稣的宝血分别为圣我的家,并宣告:至于我和我家,我们必事奉耶和华。阿们。

第21天：耶洗别的灵—诱惑、控制和宗教操纵

然而有一件事我要责备你：你容让那自称是先知的妇人耶洗别，用她的教训迷惑人……" —启示录 2:20

"她的结局必突然来到，无法挽救。" —箴言 6:15

有些灵在外面呼喊，
耶洗别却在里面低语。
她不仅试探，还**篡夺、操纵、腐化**，使事工破碎，婚姻受阻，国家被叛乱引诱。

耶洗别精神是什么？
耶洗别的精神：

- 模仿预言来误导
- 用魅力和诱惑来控制
- 憎恨真正的权威并压制先知
- 用虚假的谦卑来掩盖骄傲
- 经常依附于领导或与其亲近的人

这种精神可以通过**男人或女人发挥作用**，并且在不受约束的权力、野心或拒绝得不到治愈的地方蓬勃发展。

全球表现

- **非洲**—假女先知操纵祭坛，用恐惧要求人们忠诚。
- **亚洲**—宗教神秘主义者将诱惑与幻想相结合，以主宰精神界。
- **欧洲**—古代女神崇拜在新时代实践中以赋权的名义复兴。
- **拉丁美洲**—萨泰里阿教女祭司通过"精神建议"控制家庭。
- **北美**—社交媒体影响者宣扬"神圣的女性气质"，同时嘲笑圣经中的顺从、权威或纯洁。

真实故事：*坐在祭坛上的耶洗别*

在一个加勒比海国家，一座为神而燃烧的教堂开始逐渐黯淡—缓慢而微妙。曾经午夜祈祷的代祷小组开始解散。青年事工陷入丑闻。教堂里的婚姻开始破裂，曾经热情洋溢的牧师变得优柔寡断，灵性疲惫。

这一切的中心是一位女性—R**姐妹**。她美丽动人、魅力非凡、慷慨大方，备受众人敬仰。她总是带着"主的话语"，并憧憬着其他人的命运。她慷慨地捐助教会项目，并因此获得了一个靠近牧师的座位。

她在幕后巧妙地**诽谤其他女性**，引诱初级牧师，并散播分裂的种子。她将自己定位为精神权威，却暗中破坏实际领导层。

一天晚上，教堂里一个十几岁的女孩做了一个栩栩如生的梦—她看到一条蛇盘绕在讲台下，对着麦克风低语。她吓坏了，把这个梦告诉了母亲，母亲又把蛇带给了牧师。

领导层决定进行为期**三天的禁食**，寻求上帝的指引。第三天，在一次祈祷会上，R姐妹开始表现出暴力倾向。她发出嘶嘶声、尖叫，并指责他人使用巫术。随后，她得到了强大的释放，并坦白承认：她在十几岁时就加入了一个灵修组织，任务是**潜入教堂"窃取他们的圣火"**。

，她已经去过**五座教堂**。她的武器不是喧闹，而是**奉承、诱惑、情绪控制**和预言式的操控。

如今，那座教堂重建了祭坛，讲台也重新启用。那位年轻的少女呢？她如今是一位充满热情的福音传道者，领导着一场女性祈祷运动。

行动计划—如何面对耶洗别

1. **忏悔**你所采取的任何与操纵、性控制或精神骄傲有关的行动。

2. **辨别**耶洗别的特征—奉承、叛逆、诱惑、虚假预言。

3. **断绝灵魂的束缚**和不神圣的联盟—尤其是那些让你远离上帝声音的人。

4. **宣告你**在基督里的权柄。耶洗别惧怕那些认识他的人。

圣经库：
- 列王纪上 18-21 章 - 耶洗别 vs 以利亚
- 启示录 2:18-29 - 基督对推雅推喇的警告
- 箴言 6:16-19——上帝所憎恶的
- 加拉太书 5:19-21 - 情欲的事

团体申请
- 讨论：你曾经目睹过灵性操控吗？它是如何伪装自己的？
- 作为一个群体，宣布对耶洗别采取"零容忍"政策—无论是在教堂、家里还是领导层。
- 如果需要的话，可以通过**祈祷**或禁食来打破她的影响。
- 重新奉献任何已被破坏的部门或祭坛。

事工工具：
使用圣膏油。创造忏悔和饶恕的空间。唱赞美诗，宣告**耶稣的主权。**

关键洞察

辨别力低、容忍度高的地方猖獗。当属灵权威觉醒时，她的统治就结束了。

反思日志
- 我是否允许操纵来引导我？
- 我是否将某些人或某些影响置于上帝的声音之上？

- 我是否因为恐惧或控制而压制了我的预言之声？

拯救祷告

主耶稣，我断绝与耶洗别之灵的一切同盟。我拒绝诱惑、控制、假预言和操纵。求祢洁净我心中的骄傲、恐惧和妥协。我夺回我的权柄。愿耶洗别在我生命中筑起的一切祭坛都被拆毁。耶稣，我尊祢为我的人际关系、呼召和事工的主。求祢充满我，使我得着分辨力和勇气。奉祢的名，阿们。

第22天：蟒蛇与祷告—打破束缚之灵

"有一次，当我们去祷告的地方时，遇见了一个被蟒蛇之灵附身的女奴……" —使徒行传 16:16

"你必践踏狮子和虺蛇……" —诗篇 91:13

有一种灵不会咬你，只会**挤压你**。

它会扼杀你的热情，缠绕你的祷告生活、你的呼吸、你的敬拜、你的自律，直到你开始放弃那些曾经给予你力量的东西。

Python的精神——一种**限制精神成长、延迟命运、扼杀祈祷和伪造预言的**恶魔力量。

全球表现

- **非洲**—蟒蛇之灵以虚假的预言力量出现，在海洋和森林神殿中活动。
- **亚洲**—蛇神被崇拜为必须被喂养或安抚的神灵。
- **拉丁美洲**—萨泰里阿教的蛇形祭坛用于象征财富、欲望和权力。
- **欧洲**—巫术、算命和通灵界中的蛇象征。
- **北美**—根植于叛乱和精神混乱的伪"预言"声音。

证词：*无法呼吸的女孩*

来自哥伦比亚的玛丽索尔每次跪下祈祷都会感到呼吸困难，胸口发紧。她经常梦见蛇缠绕在她脖子上，或者趴在她床底下。医生没有发现任何异常。

有一天，玛丽索尔的祖母承认，她小时候曾被"献给"一位以蛇形出现的山神。那是一位**"守护神"**，但她也为此付出了代价。

在一次救赎聚会上，当玛丽索尔被人按手时，她开始剧烈尖叫。她感觉有什么东西在腹部移动，然后爬上胸部，最后从嘴里喷出来，就像空气被排出一样。

那次遭遇之后，呼吸困难消失了。她的梦想改变了。她开始主持祷告会—这正是仇敌曾经试图从她身上扼杀的东西。

你可能正受到 Python 精神影响的迹象

- 每当你试图祈祷或敬拜时都会感到疲劳和沉重
- 预言混乱或欺骗性的梦
- 持续感到窒息、堵塞或束缚
- 无明显原因的抑郁或绝望
- 失去精神渴望或动力

行动计划—打破束缚

1. **忏悔**任何与神秘、通灵或祖先有关的行为。
2. **宣告你的身体和精神只属于上帝。**

3. 使用以赛亚书 27:1 和诗篇 91:13 进行**禁食和战争。**
4. **涂抹你的喉咙、胸部和脚**－－宣告说话、呼吸和行走在真理中的自由。

拯救经文：
- 使徒行传 16:16-18 - 保罗赶出蟒蛇的灵
- 以赛亚书 27:1 - 上帝惩罚利维坦,那条逃跑的蛇
- 诗篇91篇—保护与权威
- 路加福音 10:19 - 有能力践踏蛇和蝎子

团体申请
- 问：什么阻碍了我们的祷告生活—无论是个人还是集体的？
- 带领集体呼吸祷告—向每个成员宣告**上帝的气息**（Ruach）。
- 打破崇拜和代祷中一切虚假预言的影响或蛇一样的压力。

事工工具： 用笛子或呼吸乐器进行崇拜，象征性地切断绳索，为呼吸自由而佩戴祈祷围巾。

关键洞察

蟒蛇之灵扼杀了上帝想要孕育的一切。你必须对抗它，才能重获呼吸与勇气。

反思日志
- 我上次在祈祷中感受到完全的自由是什么时候？
- 是否存在我一直忽视的精神疲劳迹象？
- 我是否在不知不觉中接受了带来更多困惑的"精神建议"？

拯救祷告
父啊，奉耶稣的名，我打破一切拦阻我目标的灵。我弃绝蟒蛇的灵和一切虚假的预言。我领受圣灵的气息，并宣告：我将自由呼吸，勇敢祷告，并正直行事。缠绕我生命的毒蛇都被剪除，被驱逐。我现在蒙拯救。阿们。

第23天：罪恶的宝座—摧毁领土堡垒

"那借着律法图谋恶事的，能和你相交吗？" —诗篇 94:20

"我们并不是与属血气的争战，乃是与……管辖这幽暗世界的……争战……" —以弗所书 6:12

在城市、国家、家庭和系统中都设立了无形的**宝座，恶魔势力**通过契约、立法、偶像崇拜和长期的叛乱**合法地统治着这些地方。**

这些并非随机袭击。这些是**根深蒂固的权威**，其结构使邪恶代代相传。

除非这些王座**在精神上被拆除**，否则黑暗的循环将持续存在—无论表面上进行多少祈祷。

全球堡垒和王座

- **非洲**—皇室血统和传统议会中的巫术宝座。
- **欧洲**—世俗主义、共济会和合法叛乱的王座。
- **亚洲**—宗庙和政治王朝中的偶像崇拜宝座。
- **拉丁美洲**—毒品恐怖、死亡邪教和腐败的王座。
- **北美**—变态、堕胎和种族压迫的王座。

这些王座影响决策、压制真相、**吞噬命运**。

证词：*市议员的获救*

在南非的一个城市，一位新当选的基督教议员发现，在他之前的每一位公职人员要么疯了，要么离婚了，要么突然去世了。

经过数日的祈祷，上帝终于在市政大楼下显露出了一座**血祭宝座。一位当地先知很久以前就曾在那里安放了符咒，作为领土主张的一部分。**

议员召集代祷者，禁食，并在午夜于议会厅内举行礼拜。连续三个晚上，工作人员报告称墙壁里传来奇怪的尖叫声，而且电源闪烁。

一周之内，人们开始认罪。腐败合同被曝光，几个月之内，公共服务得到改善。王位垮台了。

行动计划—推翻黑暗
1. **确定王位**—请求主向你展示你所在城市、办公室、血统或地区的领土堡垒。
2. **为这片土地忏悔**（但以理书第 9 章式的代祷）。
3. **策略性地敬拜**—当上帝的荣耀占据时，宝座就会崩塌（见历代志下第 20 章）。
4. **宣告耶稣**是该领域唯一真正的国王。

锚经文：
- 诗篇 94:20 - 罪孽的宝座
- 以弗所书 6:12 - 执政的、掌权的

- 以赛亚书 28:6 - 为那些奋起战斗的人赐下正义之灵
- 列王纪下第23章—约西亚摧毁偶像祭坛和宝座

团体参与
- 针对您的社区或城市进行"精神地图"会议。
- 问：这里的罪恶、痛苦或压迫的循环是什么？
- 任命"守望者"每周在主要门口祈祷：学校、法院、市场。
- 领导团体使用诗篇 149：5-9 来颁布反对精神统治者的法令。

事工工具：羊角号、城市地图、用于地面奉献的橄榄油、祈祷步行指南。

关键洞察

如果你希望看到你的城市发生转变，**你必须挑战体制背后的王座**—而不仅仅是体制前面的面孔。

反思日志
- 我的城市或家庭中是否存在比我更大的反复发生的争斗？
- 我是否继承了一场与我没有登上的王位的斗争？
- 哪些"统治者"需要在祷告中被推翻？

战争祈祷

主啊，求祢揭露一切辖制我领土的邪恶王座。我宣告耶稣的名是唯一的君王！愿一切隐藏的祭坛、律法、契约，或一切强加黑暗的权势，都被烈火焚烧。我以代祷者的身份，借着羔羊的宝血和我所见证的道，拆毁一切王座，立基督作我家、我城、我国的王。奉耶稣的名，阿们。

第24天：灵魂碎片—当你的一部分缺失时

"他使我的灵魂苏醒……" —诗篇 23：3

"我必医治你的伤口，耶和华说，因为你被称为被赶散的人……" —耶利米书 30：17

创伤总能摧残人的灵魂。虐待、拒绝、背叛、突如其来的恐惧、持久的悲伤。这些经历不仅会留下记忆，还会**摧毁你的内心**。

许多人看似健康，却活得**残缺不全**。他们的快乐支离破碎，他们的身份认同支离破碎。他们被困在情绪的时区里——部分人沉浸在痛苦的过去，而身体却在不断衰老。

这些是**灵魂碎片**—你的情感、心理和精神自我的一部分，由于创伤、恶魔干扰或巫术操纵而破碎。

除非这些碎片通过耶稣被收集、治愈并重新整合，**否则真正的自由仍然难以实现**。

全球灵魂盗窃行为

- **非洲**—巫医用罐子或镜子捕捉人们的"精华"。
- **亚洲**—由上师或密宗修行者进行的灵魂诱捕仪式。

- **拉丁美洲**—萨满教的灵魂分裂是为了控制或诅咒。
- **欧洲**—神秘的镜像魔法被用来破坏身份或窃取恩惠。
- **北美**—性骚扰、堕胎或身份混乱造成的创伤往往会造成心灵的深深创伤和分裂。

故事：*失去感觉的女孩*

25岁的西班牙女孩安德里亚多年来一直遭受家人的性骚扰。虽然她已经接受了耶稣，但她的情感仍然麻木。她无法哭泣，无法爱，也无法感同身受。

一位来访的牧师问了她一个奇怪的问题："你的快乐去哪儿了？"安德里亚闭上眼睛，想起了自己 9 岁那年，蜷缩在壁橱里，告诉自己："我再也不会有感觉了。"

他们一起祈祷。安德烈娅宽恕了过去，放弃了内心的誓言，并邀请耶稣进入那段特殊的记忆。多年来，她第一次失声痛哭。那一天，**她的灵魂得到了救赎**。

行动计划—灵魂恢复与疗愈

1. 问圣灵：*我在哪里失去了自己的一部分？*
2. 原谅那一刻涉及的任何人，并放弃"我再也不会相信"之类的**内心誓言。**
3. 邀请耶稣进入记忆，并在那一刻说出治愈的话。

4. 祈祷："*主啊，请恢复我的灵魂。我呼唤我的每一部分回归完整。*"

主要经文：
- 诗篇 23:3 – 他使灵魂苏醒
- 路加福音 4:18 – 医治伤心的人
- 帖撒罗尼迦前书 5:23 – 灵、魂、体得保全
- 耶利米书 30:17 – 医治被遗弃者和受伤的人

团体申请
- 带领会员进行有指导的**内心疗愈祈祷会**。
- 问：*在你的生活中是否有过你不再相信、不再感觉或不再梦想的时刻？*
- 角色扮演与耶稣一起"回到那个房间"并看着他治愈伤口。
- 让值得信赖的领导者轻轻地把手放在头上并宣布灵魂的恢复。

事工工具： 敬拜音乐、柔和的灯光、纸巾、日记提示。

关键洞察

解脱不仅仅是驱逐恶魔，而是**收拾破碎的碎片，重建身份**。

反思日志
- 哪些创伤性事件至今仍影响着我的想法或感受？

- 我是否曾说过"我再也不会爱了"或"我再也无法相信任何人了"?
- 对我来说,"完整性"是什么样的?我准备好了吗?

恢复祈祷

耶稣,祢是我灵魂的牧者。我把每一个令我心碎的地方—恐惧、羞耻、痛苦或背叛—都带给祢。我打破每一个在创伤中发下的内心誓言和咒诅。我饶恕那些伤害我的人。如今,我呼唤我灵魂的每一部分回归。求祢完全修复我—灵、魂、体。我并非永远破碎。我在祢里面是完整的。奉耶稣的名,阿们。

第25天：陌生孩子的诅咒—命运在出生时就被改变

"他们的儿女是奇怪的儿女：现在一个月要用他们的份额吞噬他们。" – 何西阿书5:7

"我未将你造在腹中，我已晓得你……" – 耶利米书1:5

并非每个出生在一个家庭的孩子都注定适合这个家庭。并非每个带有你DNA的孩子都继承了你的遗产。
敌人长期以来将**出生作为战场**—交换命运、植入假后代、让婴儿签订黑暗契约，甚至在受孕开始之前就篡改子宫。
这不仅仅是一个物质问题，而是**一个属灵的交易**—涉及祭坛、献祭和邪恶的律法。

什么是奇怪的孩子？
"奇怪的孩子"是指：
- 通过神秘的奉献、仪式或性契约而出生的孩子。
- 后代在出生时就发生了改变（精神上或身体上）。
- 孩子们将黑暗的任务带入家庭或血统。
- 通过巫术、巫术或世代祭坛在子宫中捕获的灵魂。

许多孩子在叛逆、上瘾、憎恨父母或自我的环境中长大——不仅仅是因为父母教育不当，还因为**他们出生时就被赋予了精神权利。**

全局表达式
- **非洲**—医院里的精神交流、通过海洋灵魂或仪式性行为造成的子宫污染。
- **印度**—儿童在出生前就被送入寺庙或接受基于因果的命运。
- **海地和拉丁美洲**—萨泰里阿教的奉献，在祭坛上或施法后怀上孩子。
- **西方国家**—试管受精和代孕实践有时与神秘契约或捐赠者血统有关；堕胎会让精神之门敞开。
- **世界各地的土著文化**—精神命名仪式或图腾身份转移。

故事：*精神失常的婴儿*
来自乌干达的护士克拉拉分享了一位妇女带着新生儿参加祈祷会的经历。孩子不停地尖叫，拒绝喝奶，并且对祈祷反应激烈。

一句预言透露，婴儿出生时，灵魂已被"调换"。母亲承认，当她迫切想要孩子时，一位巫医曾对着她的肚子祈祷。

通过忏悔和虔诚的祈求，婴儿变得虚弱，然后平静下来。后来，孩子茁壮成长，展现出恢复平静和发育的迹象。

儿童的痛苦并非都是天生的。有些是**胎儿时期注定的**。

行动计划—重夺子宫命运

1. 如果您是父母，**请重新将您的孩子献给耶稣基督**。
2. 放弃任何出生前的诅咒、奉献或契约 - - 即使是祖先在不知情的情况下做出的。
3. 在祷告中直接对孩子的灵魂说话：*"你属于上帝。你的命运已经恢复了。"*
4. 如果没有孩子，请为你的子宫祈祷，拒绝一切形式的精神操纵或篡改。

主要经文：

- 何西阿书 9:11-16 - 对外来种子的审判
- 以赛亚书 49:25 - 为你的儿女争战
- 路加福音 1:41 - 从子宫里生出来就充满圣灵的孩子
- 诗篇 139:13-16 - 上帝在子宫中的精心设计

团体参与

- 让父母带上他们孩子的名字或照片。
- 在每个名字上宣告："你孩子的身份已恢复。所有陌生的手都被斩断。"

- 为所有女性（以及作为种子精神载体的男性）的精神子宫净化祈祷。
- 用圣餐来象征恢复血统命运。

事工工具：圣餐、圣膏油、印刷姓名或婴儿用品（可选）。

关键洞察

撒旦将子宫作为目标，因为**先知、战士和命运都是在子宫里形成的**。但每个孩子都可以通过基督被拯救。

反思日志

- 我在怀孕期间或产后做过奇怪的梦吗？
- 我的孩子是否在以不自然的方式挣扎？
- 我是否准备好面对世代叛乱或拖延的精神根源？

复原祈祷

父啊，我将我的子宫、我的种子和我的儿女带到祢的祭坛前。我为所有给仇敌打开的门——无论已知或未知——悔改。我打破所有捆绑在我儿女身上的咒诅、奉献和邪灵的指派。我向他们宣告：祢是圣洁的，是蒙拣选的，是为神的荣耀受印记的。祢的命运已蒙救赎。奉耶稣的名，阿们。

第26天：隐藏的权力祭坛—摆脱精英神秘契约

魔鬼又带他上了一座最高的山，将世上的万国与万国的荣华都指给他看，说：'你若俯伏拜我，我就把这一切都赐给你。'" —马太福音 4:8-9

许多人认为撒旦的力量只存在于幕后仪式或黑暗村庄中。但一些最危险的契约却隐藏在光鲜亮丽的西装、精英俱乐部和代代相传的影响力背后。

这些**权力的祭坛**—由血誓、入会仪式、秘密符号和口头誓言构成，将个人、家庭甚至整个国家束缚在路西法的统治之下。从共济会到卡巴拉仪式，从东方星辰入会仪式到古埃及和巴比伦的神秘学派—它们承诺启蒙，却带来束缚。

全球连接

- **欧洲和北美**—共济会、玫瑰十字会、金色黎明会、骷髅会、波西米亚丛林、卡巴拉教派。
- **非洲**—政治血契、祖先灵魂统治交易、高层巫术联盟。
- **亚洲**—光明社会、龙灵契约、与古代巫术相关的血统王朝。

- **拉丁美洲**—政治萨泰里阿教、与卡特尔组织相关的仪式保护、为成功和豁免而达成的协议。
- **中东**—古巴比伦、亚述仪式以宗教或皇家名义传承下来。

见证—共济会成员孙子获得自由

卡洛斯在阿根廷一个权贵家庭长大，却从来不知道他的祖父竟然达到了共济会33级。他的生活一直饱受怪病的困扰—睡眠瘫痪、人际关系破裂，以及无论多么努力都无法取得进步。

在参加了一场揭露精英阶层与神秘学联系的救赎课程后，他直面家族历史，找到了共济会的徽章和隐藏的日记。在一次午夜禁食期间，他放弃了一切血盟，宣告在基督里的自由。就在那一周，他迎来了等待多年的工作突破。

高级别的祭坛会招致高级别的反对—但**耶稣的血**比任何誓言或仪式更有力量。

行动计划—揭露隐藏的旅馆

1. **调查**：您的血统中是否存在共济会、秘传或秘密组织？
2. 根据马太福音 10:26-28 的宣言，**放弃所有已知和未知的契约。**

3. **烧毁或移除**任何神秘符号：金字塔、全视之眼、指南针、方尖碑、戒指或长袍。
4. **大声祷告**：

我断绝与秘密社团、轻邪教和假兄弟会的一切秘密协议。我只侍奉主耶稣基督。

团体申请

- 让成员写出任何已知或可疑的精英神秘关系。
- 采取**象征性的断绝关系的行为**—撕毁文件、焚烧图像或在额头上涂油作为分离的印记。
- 使用**诗篇 2 来**宣告打破针对主的受膏者的国家和家庭阴谋。

关键洞察

撒旦最强大的掌控力往往披着秘密和威望的外衣。真正的自由始于你揭露、弃绝这些祭坛，并用敬拜和真理取代它们。

反思日志

- 我是否继承了财富、权力或机会，但却让我在精神上感到"不对劲"？
- 我的祖先中是否存在被我忽略的秘密联系？
- 我要付出什么代价才能断绝不虔诚的权力之路—我愿意吗？

拯救祷告

父啊，我脱离一切隐秘的营帐、祭坛和契约——无论是以我的名义，还是为了我血脉的缘故。我斩断一切魂结、血缘和一切有意无意的誓言。耶稣，祢是我唯一的亮光，我唯一的真理，我唯一的遮蔽。愿祢的烈火吞噬一切与权力、影响力或欺骗相关的不敬虔的联系。奉耶稣的名，我得着完全的自由。阿们。

第 27 天：邪恶联盟—共济会、光明会和精神渗透

"那暗昧无益的事，不要与人同行，倒要责备行这事的人。" —以弗所书 5:11

"你们不能喝主的杯，又喝鬼的杯。" —哥林多前书 10:21

有些秘密社团和全球网络自诩为无害的兄弟会组织—提供慈善、联系或启迪。但幕后却隐藏着更深层的誓言、血祭、灵魂纽带，以及层层披着"光明"外衣的路西法教义。

共济会、光明会、东方之星、骷髅会及其姊妹组织不仅仅是社交俱乐部，更是效忠的祭坛—有些甚至可以追溯到几个世纪以前—旨在从精神层面渗透到家庭、政府甚至教堂。

全球足迹

- **北美和欧洲**—共济会寺庙、苏格兰礼仪会所、耶鲁大学骷髅会。
- **非洲**—通过共济会仪式、血契来获得保护或权力的政治和皇室入会仪式。
- **亚洲**—卡巴拉学校以神秘启蒙、秘密修道院仪式为幌子。

- **拉丁美洲**—隐藏的精英组织，萨泰里阿教与精英影响力和血盟融合。
- **中东**—古巴比伦秘密社团与权力结构和虚假的光明崇拜有关。

这些网络通常：
- 需要鲜血或口头宣誓。
- 使用神秘符号（指南针、金字塔、眼睛）。
- 举行仪式来召唤或奉献自己的灵魂给某个组织。
- 给予影响力或财富以换取精神控制。

证词——一位主教的告白

东非一位主教在教堂前坦白，他大学期间曾加入过共济会，只是级别较低—只是为了"联系"。但随着他地位的提升，他开始看到一些奇怪的要求：沉默宣誓、蒙眼参加仪式和佩戴符号，以及让他的祈祷生活变得冷淡的"光"。他不再梦想，也读不了圣经。

在忏悔并公开谴责所有等级和誓言之后，属灵的迷雾消散了。如今，他勇敢地宣扬基督，揭露他曾经参与的一切。那些锁链原本是看不见的—直到被打破。

行动计划—打破共济会和秘密社团的影响

1. **确认**个人或家庭是否参与共济会、玫瑰十字会、卡巴拉教、骷髅会或类似的秘密组织。

2. **放弃从1级到33级或更高级别的入会**，包括所有仪式、信物和誓言。（你可以在网上找到引导式的解脱。）
3. **带着权柄祷告**：

我断绝一切灵魂纽带、血盟和对秘密社团的誓言—无论是由我本人或他人所立。我为耶稣基督赎回我的灵魂！

4. **销毁象征性物品**：徽章、书籍、证书、戒指或带框的图像。
5. **宣告**自由：
    - *加拉太书 5:1*
    - *诗篇2：1-6*
    - *以赛亚书28:15-18*

团体申请

- 让小组闭上眼睛并请求圣灵揭示任何秘密的联系或家庭关系。
- 企业放弃：通过祈祷来谴责与精英秩序的一切已知或未知的联系。
- 使用圣餐来弥合裂痕并重新调整与基督的契约。
- 涂抹油膏于头部和手部—恢复头脑的清晰和神圣的行为。

关键洞察

世人所谓的"精英",上帝或许会称之为可憎之物。并非所有影响力都是神圣的—也并非所有光明都是光明。当涉及到属灵誓言时,就不存在无害的秘密。

反思日志
- 我是否曾参与过秘密组织或神秘启蒙团体,或者对它们感到好奇?
- 我的信仰中是否存在精神盲目、停滞或冷漠的证据?
- 我是否需要以勇气和优雅去面对家庭问题?

自由祈祷

主耶稣,我来到祢面前,祢是独一真光。我弃绝一切捆绑、一切誓言、一切假光,以及一切声称我得救的隐秘组织。我断绝共济会、秘密社团、古代兄弟会,以及一切与黑暗相连的属灵关系。我宣告,我唯独在耶稣的宝血之下—蒙受印记、得蒙拯救、获得自由。愿祢的灵焚烧一切这些约的残余。奉耶稣的名,阿们。

第28天：卡巴拉、能量网格和神秘"光"的诱惑

"因为连撒但也装作光明的天使。" —哥林多后书 11:14

"你里头的光是黑暗的，那黑暗是何等深呢？" —路加福音 11:35

在这个痴迷于精神启蒙的时代，许多人不知不觉地沉迷于古老的卡巴拉教派实践、能量疗愈以及根植于神秘学说的神秘之光教义。这些教义常常伪装成"基督教神秘主义"、"犹太智慧"或"基于科学的灵性"—但它们的起源地却是巴比伦，而非锡安。

卡巴拉不仅仅是一个犹太哲学体系；它是一个建立在秘密密码、神圣流溢（Sefirot）和秘传路径之上的精神矩阵。它与塔罗牌、命理学、黄道十二宫和新时代网格背后的诱惑骗局如出一辙。

许多名人、有影响力的人和商业大亨都佩戴红绳、利用水晶能量进行冥想或遵循《光明篇》，但他们并不知道自己正在参与一种无形的精神诱捕系统。

全球纠葛

- 北美—伪装成健康空间的卡巴拉中心；引导能量冥想。

- **欧洲**—德鲁伊卡巴拉和基督教秘传教团秘密传授。
- **非洲**—繁荣崇拜将经文与命理学和能量门户相结合。
- **亚洲**—脉轮疗愈被重新命名为与通用代码一致的"光激活"。
- **拉丁美洲**—神秘天主教中的圣徒与卡巴拉大天使混合。

这是虚假光明的诱惑—知识变成了神,而光明变成了监狱。

真实见证—摆脱"光陷阱"

南美商业教练玛丽索尔(Marisol)以为自己从一位卡巴拉导师那里,通过命理学和"神圣能量流"找到了真正的智慧。她的梦境变得生动,她的视野变得清晰。但她内心的平静?消失了。她的人际关系?崩溃了。

尽管她每天都会"轻祷",但她还是发现自己在睡梦中被阴影般的生物折磨。一位朋友给她发了一段视频,讲述一位曾经的神秘主义者遇见耶稣的经历。那天晚上,玛丽索尔呼唤耶稣。她看到了一道耀眼的白光—并非神秘,而是纯净的光。内心的平静又回来了。她销毁了所有资料,开始了她的解脱之旅。如今,她运营着一个以基督为中心的辅导平台,帮助那些陷入灵性欺骗的女性。

行动计划—摒弃虚假的启示

1. **审视**你的接触：你是否读过神秘书籍、进行过能量治疗、关注过星座运势、或者戴过红绳？
2. 为在基督之外寻求光明而**忏悔**。
3. 与…**断绝关系**：
    - 卡巴拉/佐哈尔教义
    - 能量医学或光激活
    - 天使召唤或名字解码
    - 神圣几何学、命理学或"密码"
4. **大声祷告**：

耶稣，祢是世界的光。我弃绝一切虚假的光，一切神秘的教义，以及一切神秘的陷阱。我回归祢，祢是我唯一的真理之源！

5. **宣告经文**：
    - 约翰福音 8:12
    - 申命记 18:10-12
    - 以赛亚书 2:6
    - 哥林多后书 11:13-15

团体申请

- 问：您（或您的家人）是否曾经参与或接触过新时代、命理学、卡巴拉或神秘的"光"教义？
- 集体放弃虚假的光并重新奉献耶稣作为唯一的光。

- 使用盐和光的意象—给每个参与者一小撮盐和一根蜡烛，并宣告"我是基督里的盐和光"。

关键洞察

并非所有的光都是神圣的。基督之外的光照最终都会毁灭。

反思日志

- 我是否在上帝的话语之外寻求过知识、力量或治愈？
- 我需要摆脱哪些精神工具或教义？
- 是否有人我已经向其介绍了新时代或"轻"实践，现在需要引导他们回去？

拯救祷告

父啊，我不再认同一切虚假光明、神秘主义和秘密知识的灵。我弃绝卡巴拉、数字命理、神圣几何学以及一切伪装成光明的黑暗密码。我宣告耶稣是我生命的光。我远离欺骗之路，踏入真理。求祢以祢的烈火洁净我，以圣灵充满我。奉耶稣的名，阿们。

第29天：光明会的面纱—揭开精英神秘网络的面纱

"世上的君王一齐起来，臣宰一同聚集，要敌挡耶和华并他的受膏者。" —诗篇 2:2

"隐藏的事没有不显露的，掩盖的事没有不被显露的。" —路加福音 8:17

我们的世界中隐藏着一个世界，就在我们的眼前。
从好莱坞到金融界高层，从政治走廊到音乐帝国，一个由黑暗联盟和精神契约组成的网络，掌控着塑造文化、思想和权力的体系。它不仅仅是一个阴谋，更是在现代舞台上重新包装的古老反叛。
光明会，本质上并非一个秘密社团，而是一个路西法式的组织。它是一个精神金字塔，顶端成员通过血液、仪式和灵魂交换宣誓效忠，并常常以符号、时尚和流行文化为包装，以此来操控大众。
这不是偏执，而是意识。

真实故事—从名望到信仰的旅程
马库斯是美国一位冉冉升起的音乐制作人。当他的第三首热门金曲横扫排行榜时，他被引荐加入一个专属俱乐部—那里有位高权重的男女、精神"导师"，以及秘而不宣的合同。起初，这看起来像是精英导师制。后来，他开始参加"祈祷"课程—暗室、红灯、吟诵和镜子仪式。他开始体验灵魂出窍的感觉，夜里听到声音低声吟唱。

一天晚上，在毒瘾和折磨之下，他试图自杀。但耶稣介入了。一位祖母的代祷最终让他醒悟过来。他逃离了毒品，放弃了体制，开始了漫长的救赎之旅。如今，他用见证光明的音乐，揭露了这个行业的黑暗。

隐藏的控制系统

- **血祭与性仪式**—获得权力需要交换：身体、血液或纯真。
- **心智编程（MK Ultra 模式）** —用于媒体、音乐、政治，以创造破碎的身份和处理者。
- **象征意义**—金字塔眼睛、凤凰、棋盘地板、猫头鹰和倒置的星星—忠诚之门。
- **路西法教义-** "做你想做的事"、"成为你自己的神"、"光明使者启蒙"。

行动计划—摆脱精英网络

1. **忏悔**参与任何与神秘授权有关的系统，即使是在不知情的情况下（音乐、媒体、合同）。
2. **放弃**名利、隐藏的契约或对精英生活方式的迷恋。

3. **为你参与的每一份合同、品牌或网络祷告**。祈求圣灵揭示隐藏的联系。
4. **大声宣告**：

我拒绝一切黑暗的制度、誓言和象征。我属于光明的国度。我的灵魂不可出售！

5. **锚经文**：
    - 以赛亚书 28:15-18 - 与死亡立的约必不成立
    - 诗篇2—上帝嘲笑邪恶的阴谋
    - 哥林多前书 2:6-8 - 这世代的执政者不明白神的智慧

团体申请

- 带领小组进行**符号清理**会议—带上参与者有疑问的图像或徽标。
- 鼓励人们分享他们在流行文化中看到光明会标志的地方，以及它如何影响他们的观点。
- 邀请参与者**重新将他们的影响力**（音乐、时尚、媒体）奉献给基督的旨意。

关键洞察

最强大的欺骗，是隐藏在魅力之下的欺骗。但当面具被摘下，锁链便断裂。

反思日志

- 我是否会被我不完全理解的符号或动作所吸引？
- 我是否为了追求影响力或名望而立下誓言或达成协议？
- 我需要将我的哪一部分天赋或平台再次臣服于上帝？

自由祈祷

父啊，我拒绝一切来自光明会和精英神秘学的隐秘组织、誓言和影响。我弃绝没有祢的名声、没有目的的权力、以及没有圣灵的知识。我取消所有与我立下的血约或言语之约，无论有意或无意。耶稣，我尊祢为我的心思意念、恩赐和命运的主宰。求祢揭露并摧毁一切无形的锁链。奉祢的名我复活，行在光明中。阿们。

第30天：神秘学校—古老的秘密，现代的束缚

"他们的喉咙是敞开的坟墓；他们的舌头弄诡诈；嘴唇上有毒蛇的毒气。"—罗马书 3:13

"这百姓所说的阴谋，你们不要称它为阴谋；他们所怕的，你们不要怕……唯有万军之耶和华，你们要尊为圣……"—以赛亚书 8:12-13

早在光明会出现之前，就存在着古老的神秘学校—埃及、巴比伦、希腊、波斯—它们不仅旨在传授"知识"，还通过黑暗仪式唤醒超自然力量。如今，这些学校在精英大学、灵修静修所、"觉醒"营，甚至以个人发展或高阶意识觉醒为幌子的在线培训课程中复活。

从卡巴拉教派到神智学、赫耳墨斯教团和玫瑰十字会—目标都是一样的："成为神明"，唤醒潜藏的力量，却无需臣服于神。隐秘的吟唱、神圣几何、星体投射、松果体释放以及各种仪式，让许多人在"光明"的幌子下陷入精神的束缚。

但一切不根植于耶稣的"光"都是假光。一切隐藏的誓言都必须破除。

真实故事—从熟练到被抛弃

南非健康教练桑德拉*通过一个导师项目加入了一个埃及神秘教团。培训内容包括脉轮校准、太阳冥想、月亮仪式和古代智慧卷轴。她开始经历"下载"和"提升",但很快这些就变成了恐慌症、睡眠麻痹和自杀倾向。

当一位驱魔牧师揭露了真相后,桑德拉意识到自己的灵魂被誓言和精神契约束缚着。放弃教派意味着失去收入和人脉—但她获得了自由。如今,她经营着一家以基督为中心的疗愈中心,警示人们警惕新纪元运动的欺骗。

当今神秘学校的共同点

- **卡巴拉圈**—犹太神秘主义与数字命理学、天使崇拜和星界相结合。
- **赫尔墨斯主义**—"上行如是,下行亦然"的教义;赋予灵魂操控现实的力量。
- **玫瑰十字会**—与炼金术转化和精神提升有关的秘密组织。
- **共济会与神秘兄弟会**—层层推进,进入隐藏的光明;每一层都受誓言和仪式的约束。
- **精神静修**—与萨满或"向导"一起举行的迷幻"启蒙"仪式。

行动计划—打破古老的枷锁

1. **放弃**通过基督以外的启蒙、课程或精神合同所达成的所有契约。

2. **取消**一切不源于圣灵的"光"或"能量"源的力量。
3. **清除**家中的符号：生命之符、荷鲁斯之眼、神圣几何图形、祭坛、香火、雕像或仪式书籍。
4. **大声宣告：**

我拒绝一切古今通往虚假光明的道路。我顺服耶稣基督，那真正的光明。一切秘密的誓言，都因祂的宝血而破除。

锚经文

- 歌罗西书 2:8 – 不要听虚空的、欺骗人的哲学
- 约翰福音 1:4-5 – 真光照在黑暗里
- 哥林多前书 1:19-20 – 神毁灭智慧人的智慧

团体申请

- 举办一个象征性的"焚烧书卷"之夜（使徒行传 19:19）—小组成员带来并销毁所有神秘书籍、珠宝和物品。
- 为那些"下载"了奇怪知识或通过冥想打开了第三眼脉轮的人祈祷。
- 引导参与者进行**"光转移"**祈祷—请求圣灵接管之前屈服于神秘光的每个区域。

关键洞察

上帝不会用谜语和仪式来隐藏真理—祂会通过祂的儿子来揭示真理。小心那些将你引向黑暗的"光"。

反思日志
- 我是否加入过任何承诺提供古老智慧、激活或神秘力量的在线或实体学校？
- 是否存在一些书籍、符号或仪式我曾经认为是无害的，但现在却感到内疚？
- 我在哪些方面寻求精神体验多于与上帝的关系？

拯救祷告
主耶稣，祢是道路、真理、光明。我为每一条绕过祢圣言的道路悔改。我弃绝一切神秘学派、秘密教团、誓言和入会仪式。我断绝与一切根植于古老欺骗的指导灵、教师、邪灵和体系的魂结。求祢光照我内心深处每一个隐秘之处，以祢圣灵的真理充满我。奉耶稣的名，我得以自由行走。阿们。

第31天：卡巴拉、神圣几何与精英之光欺骗

"因为连撒但也装作光明的天使。" —哥林多后书 11:14

"隐秘的事是属主我们神的，惟有明显的事是属我们的……" —申命记 29:29

在我们追寻灵性知识的过程中，潜藏着一种危险—"隐藏智慧"的诱惑，它承诺给予我们基督之外的力量、光明和神性。从名人圈到秘密会所，从艺术到建筑，一种欺骗的模式在全球蔓延，将追寻者引诱到**卡巴拉、神圣几何**和**神秘教义的秘传网络**中。

这些并非无害的智力探索，而是通往与伪装成光明的**堕落天使**缔结精神契约的入口。

全球表现

- **好莱坞和音乐产业**—许多名人公开佩戴卡巴拉手镯或纹身神圣符号（如生命之树），这些符号可以追溯到神秘的犹太神秘主义。
- **时尚与建筑**—共济会设计和神圣的几何图案（生命之花、六角星、荷鲁斯之眼）被嵌入到服装、建筑和数字艺术中。

- **中东和欧洲**——卡巴拉学习中心在精英阶层中蓬勃发展，经常将神秘主义与数字命理学、占星术和天使祈祷相结合。
- **全球在线和新时代圈子**——YouTube、TikTok 和播客将基于神圣几何和卡巴拉框架的"光代码"、"能量门户"、"3-6-9 振动"和"神圣矩阵"教义正常化。

真实故事—当光明变成谎言

27岁的瑞典女孩贾娜（Jana）在追随她最喜欢的歌手后，开始探索卡巴拉，这位歌手将她的"创造力觉醒"归功于卡巴拉。她买了一串红绳手链，开始用几何曼荼罗进行冥想，并从古希伯来语经文中学习天使的名字。事情开始发生变化。她的梦境变得怪异。她会在睡梦中感觉到身旁有生物低声诉说着智慧—然后又索要鲜血。阴影跟随着她，而她却渴望更多的光明。

最终，她在网上偶然发现了一段解脱视频，意识到自己遭受的折磨并非灵性升华，而是灵性欺骗。经过六个月的解脱课程、禁食以及焚烧家中所有卡巴拉教物品，内心的平静开始回归。现在，她通过博客警告其他人："虚假的光明几乎毁了我。"

辨别道路

卡巴拉虽然有时披着宗教外衣，却拒绝承认耶稣基督是通往上帝的唯一途径。它常常高举**"神圣自我"**，提倡**通灵**和**生命之树的升天**，并运用**数学神秘主义**来召唤力量。这些实践打开的不是通往天堂**的灵性之门**，而是通往伪装成光明使者的实体。

许多卡巴拉教义与以下内容相交叉：

- 共济会
- 玫瑰十字会
- 诺斯替教
- 路西法启蒙教派

共同点是什么？追求不信基督的神性。

行动计划—揭露和驱逐虚假光芒

1. **忏悔**所有与卡巴拉、命理学、神圣几何学或"神秘学校"教义的接触。
2. **销毁**家中与这些习俗相关的物品—曼荼罗、祭坛、卡巴拉文本、水晶网格、神圣符号珠宝。
3. **放弃虚假光明的灵魂**（例如，梅塔特隆、拉结尔、神秘形式的舍吉纳）并命令每一个假天使离开。
4. **让自己沉浸**在基督的简单和充足之中（哥林多后书 11:3）。
5. **禁食并涂抹圣油**—眼睛、额头、手—放弃一切虚假的智慧并宣告你只效忠于上帝。

团体申请

- 分享任何与"光明教义"、命理学、卡巴拉媒体或神圣符号的接触。
- 作为一个小组，列出听起来"精神"但反对基督的短语或信仰（例如，"我是神圣的"，"宇宙提供"，"基督意识"）。
- 用油膏抹每个人，同时宣告约翰福音 8:12 – *"耶稣是世界的光"*。
- 烧掉或丢弃任何涉及神圣几何、神秘主义或"神圣代码"的材料或物品。

关键洞察

撒旦并非以毁灭者的身份首先出现。他常常以启迪者的身份出现—提供秘密的知识和虚假的光明。但那光明只会引向更深的黑暗。

反思日志

- 我是否向任何绕过基督的"精神之光"敞开了我的心灵？
- 是否存在我原以为无害但现在却被识别为门户的符号、短语或物体？
- 我是否将个人智慧置于圣经真理之上？

拯救祷告

父啊，我弃绝一切缠绕我灵魂的虚假之光、神秘教义和秘传知识。我承认唯有耶稣基督才是世界的真光。我拒绝卡巴拉、神圣几何学、数字命理学以及一切魔鬼的教义。愿所有虚假的灵从我的生命中根除。洁净我的眼睛、我的思想、我的想象和我的灵。我的灵、魂、体，都唯独属于祢。奉耶稣的名，阿们。

第三天2：内心的蛇灵—当拯救来得太晚

他们满眼淫色，引诱心灵不坚固的人，行了巴兰的道路，有墨黑的幽暗永远为他存留。—彼得后书 2:14-17
"不要自欺，神是轻慢不得的。人种的是什么，收的也是什么。"—加拉太书 6:7

有一种邪灵伪造的东西，自诩为开悟之物。它能治愈、激发、赋予力量—但只是暂时的。它低声诉说着神圣的奥秘，打开你的"第三只眼"，释放脊柱中的力量—然后**让你在痛苦中受奴役**。
它是**昆达里尼**。
是**蛇之灵**。
是新时代的虚假"圣灵"。
一旦被激活—通过瑜伽、冥想、迷幻药、创伤或神秘仪式—这种力量就会盘绕在脊柱底部，像火焰一样穿过脉轮。许多人认为这是精神觉醒。事实上，这是伪装成神圣能量的**恶魔附身**。
不消失会发生什么？

真实故事—"我无法关掉它"
玛丽莎是加拿大一位年轻的基督徒女性，在将生命献给基督之前，她曾尝试过"基督教瑜伽"。她热爱瑜伽带来的平和感受、振动和光明景象。但在一次高强度的瑜伽练习之后，她感觉脊柱"燃起"，然后就昏了过去—醒来后无法呼吸。那天晚上，有什么东西开始**折磨她的睡眠**，扭曲她的身体，在梦中以"耶稣"的形象出现—却在嘲笑她。

她曾五次获得**解脱**。那些灵会离开—但又会回来。她的脊柱仍然颤抖。她的眼睛不断地看到灵界。她的身体会不由自主地移动。尽管得到了救赎，她现在却行走在一个很少有基督徒理解的地狱之中。她的灵魂得救了—但她的灵魂却被侵犯、破裂、支离破碎。

无人谈论的后果

- **第三只眼仍然睁开**：持续不断的幻觉、幻觉、精神噪音、"天使"说谎。
- **身体不停地颤动**：能量无法控制，颅骨有压力，心悸。
- **无情的折磨**：即使经过 10 多次的救赎。
- **孤立**：牧师不理解。教会忽视这个问题。这个人被贴上"不稳定"的标签。
- **害怕地狱**：不是因为罪孽，而是因为永无止境的折磨。

基督徒会不会陷入无法挽回的境地？

是的—在今生。你可以**得救**，但**你的灵魂会支离破碎，饱受折磨，直至死亡**。

这不是危言耸听，而是**预言性的警告**。

全球示例

- **非洲**—假先知在礼拜期间释放昆达里尼之火—人们抽搐、口吐白沫、大笑或咆哮。
- **亚洲**—瑜伽大师们达到"悉地"（恶魔附身）的境界，并称之为神意识。
- **欧洲/北美**—新魅力运动引导"荣耀境界"，咆哮、大笑、不受控制地跌倒—不是上帝的。
- **拉丁美洲**—萨满教觉醒者使用死藤水（植物药物）打开他们无法关闭的精神之门。

行动计划—如果你已经走得太远

1. **承认确切的门户**：昆达里尼瑜伽、第三眼冥想、新时代教会、迷幻药等。
2. **停止所有对解脱的追求**：当你不断用恐惧来强化某些灵魂时，它们会遭受更长时间的折磨。
3. **自己锚定在圣经中**—尤其是诗篇 119 篇、以赛亚书 61 章和约翰福音 1 章。这些经文可以更新灵魂。
4. **顺服社群**：至少找一位圣灵充满的信徒与你同行。孤立会助长邪灵的力量。
5. **放弃所有精神上的"视觉"、火焰、知识、能量**—即使它们感觉神圣。
6. **祈求上帝的怜悯**—不只是一次，而是每天，每小时，坚持不懈。上帝或许不会立即将你的怜悯除去，但他会扶持你。

团体申请

- 静静地反思一下。问问自己：我是否追求精神力量，而不是精神纯洁？
- 为那些饱受折磨的人祷告。不要承诺立即获得自由—而要承诺**门徒训练**。
- **圣灵的果子**（加拉太书 5：22-23）和**魂的表现**（颤抖、发热、异象）之间的区别。
- 烧毁或毁掉每一个新时代的物品：脉轮符号、水晶、瑜伽垫、书籍、油、"耶稣卡"。

关键洞察

有一条**线**是可以跨越的—当灵魂成为一道敞开的大门，拒绝关闭时。你的灵魂或许会得救……但如果你被神秘之光玷污，你的灵魂和身体可能仍会饱受折磨。

反思日志

- 我是否曾经追求权力、火焰或预言能力胜过神圣和真理？
- 我是否通过"基督教化"的新时代实践打开了大门？

- 我是否愿意**每天**与上帝同行，即使完全的解脱需要数年时间？

生存祈祷
父啊，我呼求怜悯。我弃绝一切我曾接触过的毒蛇之灵、昆达里尼力量、开启第三眼、虚假之火，或任何新时代伪造品。我将我的灵魂——尽管它已破碎——交还给你。耶稣，求你不仅拯救我脱离罪恶，也拯救我脱离折磨。封闭我的心门。医治我的心灵。闭上我的眼睛。粉碎我脊椎里的毒蛇。我等候你，即使在痛苦中。我不会放弃。奉耶稣的名，阿门。

第33天：内心的蛇灵—当拯救来得太晚

他们满眼淫色，引诱心灵不坚固的人，行了巴兰的道路，有墨黑的幽暗永远为他存留。—彼得后书 2:14-17
"不要自欺，神是轻慢不得的。人种的是什么，收的也是什么。" —加拉太书 6:7

有一种邪灵伪造的东西，自诩为开悟之物。它能治愈、激发、赋予力量—但只是暂时的。它低声诉说着神圣的奥秘，打开你的"第三只眼"，释放脊柱中的力量—然后**让你在痛苦中受奴役**。
它是**昆达里尼**。
是**蛇之灵**。
是新时代的虚假"圣灵"。
一旦被激活—通过瑜伽、冥想、迷幻药、创伤或神秘仪式—这种力量就会**盘绕在脊柱底部，像火焰一样穿过脉轮**。许多人认为这是精神觉醒。事实上，这是伪装成神圣能量的**恶魔附身**。
不消失会发生什么？

真实故事—"我无法关掉它"
玛丽莎是加拿大一位年轻的基督徒女性，在将生命献给基督之前，她曾尝试过"基督教瑜伽"。她热爱瑜伽带来的平和感受、振动和光明景象。但在一次高强度的瑜伽练习之后，她感觉脊柱"燃起"，然后就昏了过去—醒来后无法呼吸。那天晚上，有什么东西开始**折磨她的睡眠**，扭曲她的身体，在梦中以"耶稣"的形象出现—却在嘲笑她。

她曾五次获得**解脱**。那些灵会离开—但又会回来。她的脊柱仍然颤抖。她的眼睛不断地看到灵界。她的身体会不由自主地移动。尽管得到了救赎，她现在却行走在一个很少有基督徒理解的地狱之中。她的灵魂得救了—但她的灵魂却被侵犯、破裂、支离破碎。

无人谈论的后果

- **第三只眼仍然睁开**：持续不断的幻觉、幻觉、精神噪音、"天使"说谎。
- **身体不停地颤动**：能量无法控制，颅骨有压力，心悸。
- **无情的折磨**：即使经过 10 多次的救赎。
- **孤立**：牧师不理解。教会忽视这个问题。这个人被贴上"不稳定"的标签。
- **害怕地狱**：不是因为罪孽，而是因为永无止境的折磨。

基督徒会不会陷入无法挽回的境地？
是的—在今生。你可以**得救**，但**你的灵魂会支离破碎，饱受折磨，直至死亡**。
这不是危言耸听，而是**预言性的警告**。

全球示例
- **非洲**——假先知在礼拜期间释放昆达里尼之火——人们抽搐、口吐白沫、大笑或咆哮。
- **亚洲**——瑜伽大师们达到"悉地"（恶魔附身）的境界，并称之为神意识。
- **欧洲/北美**——新魅力运动引导"荣耀境界"，咆哮、大笑、不受控制地跌倒——不是上帝的。
- **拉丁美洲**——萨满教觉醒者使用死藤水（植物药物）打开他们无法关闭的精神之门。

行动计划——如果你已经走得太远
1. **承认确切的门户**：昆达里尼瑜伽、第三眼冥想、新时代教会、迷幻药等。
2. **停止所有对解脱的追求**：当你不断用恐惧来强化某些灵魂时，它们会遭受更长时间的折磨。
3. **自己锚定在圣经中**——尤其是诗篇 119 篇、以赛亚书 61 章和约翰福音 1 章。这些经文可以更新灵魂。
4. **顺服社群**：至少找一位圣灵充满的信徒与你同行。孤立会助长邪灵的力量。
5. **放弃所有精神上的"视觉"、火焰、知识、能量**——即使它们感觉神圣。
6. **祈求上帝的怜悯**——不只是一次，而是每天，每小时，坚持不懈。上帝或许不会立即将你的怜悯除去，但他会扶持你。

团体申请

- 静静地反思一下。问问自己：我是否追求精神力量，而不是精神纯洁？
- 为那些饱受折磨的人祷告。不要承诺立即获得自由——而要承诺**门徒训练**。
- **圣灵的果子**（加拉太书 5：22-23）和**魂的表现**（颤抖、发热、异象）之间的区别。
- 烧毁或毁掉每一个新时代的物品：脉轮符号、水晶、瑜伽垫、书籍、油、"耶稣卡"。

关键洞察

有一条**线**是可以跨越的——当灵魂成为一道敞开的大门，拒绝关闭时。你的灵魂或许会得救……但如果你被神秘之光玷污，你的灵魂和身体可能仍会饱受折磨。

反思日志

- 我是否曾经追求权力、火焰或预言能力胜过神圣和真理？
- 我是否通过"基督教化"的新时代实践打开了大门？
- 我是否愿意**每天**与上帝同行，即使完全的解脱需要数年时间？

生存祈祷

父啊，我呼求怜悯。我弃绝一切我曾接触过的毒蛇之灵、昆达里尼力量、开启第三眼、虚假之火，或任何新时代伪造品。我将我的灵魂——尽管它已破碎——交还给你。耶稣，求你不仅拯救我脱离罪恶，也拯救我脱离折磨。封闭我的心门。医治我的心灵。闭上我的眼睛。粉碎我脊椎里的毒蛇。我等候你，即使在痛苦中。我不会放弃。奉耶稣的名，阿门。

第34天：共济会、法典和诅咒——当兄弟情谊沦为束缚

"那暗昧无益的事，不要与人同行，倒要责备行这事的人。" —以弗所书 5:11

"不可和他们并他们的神立约。" —出埃及记 23:32

秘密社团承诺成功、人脉和古老的智慧。他们提供**誓言、学位和**代代相传的"好人"秘诀。但大多数人没有意识到的是：这些社团其实是**圣约的祭坛**，通常建立在鲜血、欺骗和对恶魔的效忠之上。

从共济会到卡巴拉教，从玫瑰十字会到骷髅会——这些组织不仅仅是俱乐部。它们是在黑暗中缔造的**精神契约，并以诅咒世世代代**的仪式封存。

有些人是自愿加入的。有些人的祖先也加入过。

无论如何，诅咒依然存在—直到它被打破。

隐藏的遗产——杰森的故事

杰森是美国一位成功的银行家，拥有一切—美满的家庭、财富和权势。但到了晚上，他会因窒息而惊醒，梦中看到蒙面人，听到咒语。他的祖父是33级共济会会员，杰森至今仍戴着那枚戒指。

他曾在一次俱乐部活动中开玩笑地宣读共济会誓言——但就在那一刻，**某种东西突然闯入了他的内心**。他的精神开始崩溃。他听到了一些声音。他的妻子离开了他。他试图结束这一切。

在一次静修中，有人辨认出了共济会的联系。杰森一边哭泣，一边**放弃了所有誓言**，摔碎了戒指，经历了三个小时的解脱。那天晚上，多年来他第一次安然入睡。他的证词？

"你不能拿秘密祭坛开玩笑。它们会说话——除非你奉耶稣的名让它们闭嘴。"

兄弟会全球网络

- **欧洲**——共济会深深植根于商业、政治和教会派别。
- **非洲**——光明会和秘密组织用财富换取灵魂；大学里的邪教。
- **拉丁美洲**——耶稣会的渗透和共济会仪式与天主教神秘主义的混合。
- **亚洲**——古代神秘学校、寺庙祭司与世代誓言息息相关。
- **北美**——东方之星、苏格兰礼仪、骷髅会等兄弟会、波西米亚丛林精英。

这些邪教经常提到"上帝"，但不是**圣经中的上帝**—他们提到**伟大的建筑师**，一种与**路西法之光**相关的非个人力量。

受影响的迹象
- 医生无法解释的慢性疾病。
- 害怕晋升或害怕脱离家庭体系。
- 梦见长袍、仪式、秘密门、小屋或奇怪的仪式。
- 男性患抑郁症或精神错乱。
- 饱受不孕、虐待或恐惧之苦的妇女。

拯救行动计划
1. **放弃所有已知的誓言**—特别是如果你或你的家人是共济会、玫瑰十字会、东方之星、卡巴拉或任何"兄弟会"的成员。
2. **打破每个级别**—从初级学徒到 33 级，逐一列出。
3. **销毁所有象征物**—戒指、围裙、书籍、吊坠、证书等。
4. **关闭大门**—通过祈祷和宣告，在精神上和法律上。

使用这些经文：
- 以赛亚书 28:18 – "你与死亡所立的约必被废弃。"

- 加拉太书 3:13 – "基督赎出我们脱离律法的咒诅。"
- 以西结书 13:20-23 – "我必撕裂你们的面纱,释放我的人民。"

团体申请
- 询问是否有任何成员的父母或祖父母属于秘密社团。
- 引导**共济会**各个级别的成员放弃信仰（您可以为此创建打印的脚本）。
- 使用象征性的行为—烧掉一枚旧戒指或在额头上画一个十字架来抵消仪式中打开的"第三只眼"。
- 为头脑、颈部和背部祈祷—这些是常见的束缚部位。

关键洞察
没有基督之血的兄弟情谊，是奴役的兄弟情谊。
你必须做出选择：与人立约，还是与神立约。

反思日志
- 我的家人中有人参与过共济会、神秘主义或秘密誓言吗？
- 我是否在不知不觉中背诵或模仿了与秘密社团有关的誓言、信条或符号？

- 我是否愿意打破家庭传统，完全遵循上帝的约定？

放弃祈祷

父啊，奉耶稣的名，我弃绝一切与共济会、卡巴拉或任何秘密社团相关的契约、誓言或仪式—无论是在我的生命中还是在我的血统中。我断绝一切等级、一切谎言、一切通过仪式或象征赋予的邪恶权利。我宣告耶稣基督是我唯一的亮光、唯一的建筑师、唯一的主。奉耶稣的名，我现在获得自由。阿们。

第35天：教堂长椅上的女巫—当邪恶从教堂大门进入时

"那等人是假使徒，行事诡诈，装作基督使徒的模样。这也不足为奇，因为连撒但也装作光明的天使。"—哥林多后书 11:13-14

"我知道你的行为、你的爱心和你的信心……然而有一件事我要责备你，就是你容让那自称是先知的妇人耶洗别……"—启示录 2:19-20

最危险的女巫不是在夜间飞行的女巫，而是**坐在教堂里你旁边的**女巫。

他们不穿黑袍，也不骑扫帚。

他们主持祷告会，在敬拜团队中唱歌，用方言预言，在教会担任牧师。然而……他们却是**黑暗的使者**。

有些人清楚地知道自己在做什么—被派去执行精神刺客的任务。其他人则是祖先巫术或叛乱的受害者，他们使用

不洁的礼物行事。

以教堂为掩护—"米里亚姆"的故事

米里亚姆是西非一座大教堂里一位颇受欢迎的驱魔牧师。她的声音能驱赶邪灵。人们不远万里来寻求她的膏抹。

但米里亚姆有个秘密：到了晚上，她会游离于肉身之外。她会看到教会成员的家、他们的弱点以及他们的血统。她认为这就是"预言"。

她的力量越来越强，但她所遭受的折磨也与日俱增。

她开始听到声音，无法入睡。她的孩子们遭到袭击。她的丈夫离开了她。

她最终坦白：小时候，她曾被祖母"激活"，她的祖母是一个强大的女巫，她让她睡在被施了咒语的毯子下。

我以为我被圣灵充满了。那是一种灵……但不是神圣的。

她经历了救赎。但争战从未停止。她说：

"如果我没有忏悔，我就会死在教堂的祭坛上……火里。"

全球教会隐秘巫术状况

- **非洲**—精神嫉妒。先知们利用占卜、仪式和水灵。许多祭坛实际上是入口。
- **欧洲**—灵媒伪装成"精神导师"。披着新时代基督教外衣的巫术。
- **亚洲**—寺庙女祭司进入教堂施咒并监视皈依者。
- **拉丁美洲**—信奉萨泰里阿教的"牧师"宣扬救赎，但晚上却以鸡为祭品。

- **北美**—自称"耶稣和塔罗牌"的基督教女巫、教堂舞台上的能量治疗师以及参与共济会仪式的牧师。

教堂中巫术活动的迹象

- 礼拜期间气氛沉重或混乱。
- 礼拜后梦见蛇、性或动物。
- 领导层突然陷入罪孽或丑闻。
- 操纵、引诱或羞辱的"预言"。
- 任何说"上帝告诉我你是我的丈夫/妻子"的人。
- 在讲坛或祭坛附近发现奇怪的物体。

拯救行动计划

1. **祈求洞察力**—请求圣灵揭示你的团契中是否有隐藏的女巫。
2. **试验每一个灵**—即使它们听起来是属灵的（约翰一书 4:1）。
3. **断绝灵魂纽带**—如果你曾被不洁之人祈祷、预言或触碰过，**请断绝这种关系**。
4. **为你的教堂祈祷**—宣告上帝之火揭露每一个隐藏的祭坛、秘密的罪恶和精神寄生虫。
5. **如果你是受害者**—寻求帮助。不要保持沉默或孤身一人。

团体申请
- 询问小组成员：在教堂礼拜中，您是否感到不舒服或精神受到侵犯？
- 带领**团契进行集体净化祈祷**。
- 为每个人涂油，并在思想、祭坛和礼物周围建立一道**精神防火墙**。
- 教导领导者如何在允许人们担任可见的角色之前**筛选礼物**和**测试精神**。

关键洞察
并非所有呼喊"主啊，主啊"的人都是出于主的。
教会是属灵污染的**主要战场**，但也是真理被高举时医治的所在。

反思日志
- 我是否曾接受过某个生活中结出不圣洁果实的人的祈祷、教诲或指导？
- 有时候，我在做完礼拜后会感觉"不舒服"，但却忽略了它？
- 我是否愿意与巫术对抗，即使它穿着西装或在舞台上唱歌？

揭露与自由的祈祷
主耶稣，我感谢祢是真光。我祈求祢，显明我生命和团契中，以及周围所有隐藏的黑暗势力。我弃绝一切来自属灵骗子所接受的不圣洁的教导、虚假的预言或魂结。求祢用宝血洁净我，净化我的恩赐，守护我的门，用祢圣洁的火焚烧一切假冒的灵。奉耶稣的名，阿们。

第 36 天：密码咒语——当歌曲、时尚和电影成为门户

"那暗昧无益的事，不要参与，倒要责备行这事的人。"——以弗所书 5:11

"不要听从荒渺神话和老妇人的荒谈，总要操练敬虔。"——提摩太前书 4:7

并非每场战斗都始于血祭。

有些战斗始于一个**节拍**。

一段旋律。一句萦绕你灵魂的朗朗上口的歌词。或是衣服上你认为"很酷"的

符号。又或是一场你狂看的"无害"秀，而恶魔却在阴影中微笑。

在当今高度互联的世界里，巫术被**编码**——通过媒体、音乐、电影和时尚隐藏在**显而易见的地方**。

黑暗之声——真实故事："耳机"

17岁的美国少年以利亚（Elijah）开始出现恐慌症、失眠和恶梦。他的基督徒父母以为这是压力造成的。

但在一次释放过程中，圣灵指示团队询问他的**音乐**。

他坦言："我听陷阱金属。我知道它很黑暗……但它能让我感受到力量。"

当球队在祈祷中播放他最喜欢的一首歌时，一种**感觉**出现了。

这些节拍是用神秘仪式的**吟唱曲目编码的。反向掩蔽**显示诸如"臣服你的灵魂"和"路西法说话了"之类的短语。

一旦以利亚删除了音乐，悔改，并断绝了联系，和平就回归了。

战争已经从他的**耳门进入了**。

全局编程模式

- **非洲**——与金钱仪式相关的非洲节拍歌曲；歌词中隐藏着"juju"的引用；带有海洋王国符号的时尚品牌。
- **亚洲**——带有潜意识的性和精神引导信息的韩国流行音乐；动漫人物融入了神道教恶魔传说。
- **拉丁美洲**——雷鬼音乐推崇萨泰里阿教圣歌和反向编码咒语。
- **欧洲**——时装公司（Gucci、Balenciaga）将撒旦的形象和仪式融入到T台文化中。
- **北美**——好莱坞电影充斥着巫术元素（漫威、恐怖片、"光明与黑暗"电影）；动画片以施法为乐趣。

Common Entry Portals (and Their Spirit Assignments)

Media Type	Portal	Demonic Assignment
Music	Beats/samples from rituals	Torment, violence, rebellion
TV Series	Magic, lust, murder glorification	Desensitization, soul dulling
Fashion	Symbols (serpent, eye, goat, triangles)	Identity confusion, spiritual binding
Video Games	Sorcery, blood rites, avatars	Astral transfer, addiction, occult alignment
Social Media	Trends on "manifestation," crystals, spells	Sorcery normalization

行动计划—辨别、排毒、防御

1. **审核你的播放列表、衣柜和观看历史记录**。查找神秘、淫荡、叛逆或暴力的内容。
2. **请求圣灵揭露**一切邪恶的影响。
3. **删除并销毁**。请勿出售或捐赠。焚烧或丢弃任何与恶魔相关的物品，无论是实体的还是电子的。
4. **膏抹你的器具**、房间和耳朵。宣告它们为神的荣耀而分别为圣。
5. **用真理代替**：崇拜音乐、神圣的电影、书籍和圣经读物，以更新你的思想。

团体申请
- 带领成员进行"媒体清单"。让每个人写下他们怀疑可能是门户网站的节目、歌曲或物品。
- 通过手机和耳机祷告，膏抹它们。
- 进行集体"禁食排毒"——3到7天，远离世俗媒体。只以神的话语、敬拜和团契为食物。
- 在下次会议上证明结果。

关键洞察

恶魔不再需要神龛才能进入你的家。他们只需要你同意按下播放键。

反思日志
- 我所看到、听到或穿过的什么东西可能会为压迫打开大门？
- 如果娱乐活动同时也奴役着我，我是否愿意放弃它？
- 我是否以"艺术"的名义将反叛、欲望、暴力或嘲弄正常化？

净化祈祷

主耶稣，我来到祢面前，祈求彻底的灵性排毒。我愿将通过音乐、时尚、游戏或媒体进入我生命中的一切暗藏的魔咒揭穿。我悔改所见、所穿、所听的，都是亵渎祢的。今天，我断绝魂结。我驱逐一切悖逆、巫术、情欲、困惑或折磨的灵。求祢洁净我的眼睛、耳朵和心灵。现在，我将我的身体、媒体和选择单单奉献给祢。奉耶稣的名，阿们。

第37天：无形的权力祭坛—共济会、卡巴拉和神秘精英

魔鬼又带他上了一座最高的山，将世上的万国与万国的荣华都指给他看，说：'你若俯伏拜我，我就把这一切都赐给你。'" —马太福音 4:8-9

"你们不能又喝主的杯，又喝鬼的杯；不能又吃主的筵席，又吃鬼的筵席。" —哥林多前书 10:21

祭坛并不隐藏在洞穴中，而是隐藏在会议室中。幽灵不仅存在于丛林中，还存在于政府大厅、金融大楼、常春藤联盟图书馆以及伪装成"教堂"的庇护所中。

精英神秘学的领域：
共济会、玫瑰十字会、卡巴拉教、耶稣会、东方之星，以及隐藏的路西法教祭司，他们**用仪式、秘密和符号来掩盖对撒旦的虔诚**。他们的神祇是理性、力量和古老的知识—但他们的**灵魂却被黑暗所奴役**。

隐藏在显而易见的地方
- **共济**会将自己伪装成一个建筑工人的兄弟会—但其更高级别的成员却召唤恶魔实体、发誓死亡，并将路西法尊为"光明使者"。

- **卡巴拉**承诺通过神秘的方式接近上帝——但它巧妙地用宇宙能量图和数字命理学取代了耶和华。
- **耶稣会神秘主义**在其腐败的形式中，经常将天主教意象与精神操纵和世界体系的控制融合在一起。
- **好莱坞、时尚、金融和政治**都带有加密信息、符号和**公共仪式**，这些实际上是对路西法的崇拜。

即使你不是名人，也会受到影响。这些系统通过以下方式**污染国家**：

- 媒体节目
- 教育系统
- 宗教妥协
- 财务依赖
- 伪装成"入会仪式"、"誓言"或"品牌交易"的仪式

真实故事——"小屋毁了我的家族"

所罗门（化名）是一位来自英国的成功商业巨头，为了拓展人脉，他加入了共济会。他迅速晋升，积累了财富和声望。但他也开始做可怕的噩梦——披着斗篷的人召唤他，血誓，黑暗的动物追赶他。他的女儿开始割腕，声称是某种"存在"让她这么做的。

一天晚上，他在房间里看到一个半人半豺的男人，对他说："*你是我的。代价已经付出了。*"他联系了一个

救赎机构。经过**七个月的戒除、禁食、呕吐仪式，以及更换所有神秘的领带**，他才终于获得了平静。

他后来才发现：**他的祖父是一位33级石匠，他只是在不知不觉中继承了这份遗产。**

全球影响力

- **非洲**—部落统治者、法官、牧师之间的秘密社团—宣誓效忠血誓以换取权力。
- **欧洲**—马耳他骑士团、光明会会所和精英神秘大学。
- **北美**—大多数创始文件、法院结构甚至教堂下都有共济会基金会。
- **亚洲**—隐藏的龙崇拜、祖先秩序以及根植于佛教和萨满教混合体的政治团体。
- **拉丁美洲**—融合天主教圣徒与圣死神或巴风特等路西法教神灵的融合教派。

行动计划—逃离精英祭坛

1. **放弃**参与共济会、东方之星、耶稣会誓言、诺斯替书籍或神秘系统－－甚至对这些的"学术"研究。
2. **毁掉**礼服、戒指、别针、书籍、围裙、照片和符号。
3. **破除咒骂**—尤其是死亡誓言和入会誓言。引用以赛亚书28:18（"你与死亡所立的约必被废去……"）。

4. **禁食三天**，同时阅读以西结书第 8 章、以赛亚书第 47 章和启示录第 17 章。
5. **重新献上祭坛**：重新将自己献给基督的祭坛（罗马书12:1-2）。圣餐。敬拜。膏抹。

你不可能同时身处天堂的法庭和路西法的法庭。选择你的祭坛。

团体申请

- 找出您所在地区的常见精英组织 -- 并直接祈祷抵抗他们的精神影响。
- 举行一次会议，让成员们可以秘密坦白他们的家人是否参与过共济会或类似的邪教组织。
- 带上油和圣餐—带领大家放弃秘密立下的誓言、仪式和印章。
- 打破骄傲—提醒团队：**没有任何途径值得你付出灵魂。**

关键洞察

秘密社团承诺带来光明。但唯有耶稣才是世界的光。其他所有祭坛都要求血—却无法拯救。

反思日志

- 我的血统中有人参与秘密社团或"组织"吗？
- 我是否读过或拥有过伪装成学术文本的神秘书籍？

- 我的衣服、艺术品或珠宝中隐藏着什么符号（五角星、全视之眼、太阳、蛇、金字塔）？

放弃祈祷

父啊，我弃绝一切不以耶稣基督为根基的秘密社团、会所、誓言、仪式或祭坛。我断绝我父辈、我血脉、以及我口中立下的约。我拒绝共济会、卡巴拉、神秘主义，以及一切为权力而缔结的隐秘契约。我摧毁一切象征、一切印记、一切谎言，它们承诺带来光明，却带来捆绑。耶稣，我再次尊崇祢为我唯一的主宰。求祢光照耀每一个隐秘之处。奉祢的名，我得以自由行走。阿们。

第38天：子宫契约与水之国度——当命运在出生前被玷污时

"恶人一出母胎，便与神疏远；一出母胎，便走错路，说谎话。"—诗篇 58:3

"我未将你造在腹中，我已晓得你；你未出母胎，我已分别你为圣……"—耶利米书 1:5

如果您所进行的斗争不是从您的选择开始，而是从您的观念开始，那会怎样？

如果您还在子宫里的时候，有人在黑暗的地方说出您的名字，会怎么样？

如果在您第一次呼吸之前，**您的身份就被交换**，您的**命运被出卖**，您的**灵魂被标记，那会怎样？**

水下启蒙、**海洋精神契约**和**神秘子宫主张**的现实，它们**将几代人联系在一起**，特别是在有着深厚祖先和沿海仪式的地区。

水之国—地下撒旦的王座

在看不见的领域，撒旦**不仅统治着空气**，还统治着**海洋世界**——一个由海洋、河流和湖泊下的灵体、祭坛和仪式组成的庞大恶魔网络。

海洋精灵（通常称为 Mami Wata 、海岸女王、精灵妻子/精灵丈夫等）负责：

- 过早死亡
- 不孕和流产
- 性束缚与梦
- 精神折磨
- 新生儿疾病
- 商业兴衰模式

但这些精神如何获得**合法地位呢**？

在子宫里。

出生前未见的启蒙

- **祖先奉献**——如果孩子出生时健康，就会被"许诺"给神灵。
- **神秘的女祭司**在怀孕期间触摸子宫。
- 家人给予的**契约名称**——在不知不觉中**尊敬海洋女王或灵魂。**
- 使用河水、护身符或神社的草药进行的**出生仪式**。
- **脐带埋葬**与咒语。
- **在神秘环境中怀孕**（例如，共济会会所、新时代中心、一夫多妻制邪教）。

有些孩子生来就被奴役。所以他们一出生就会剧烈哭喊——他们的灵魂感受到了黑暗。

真实故事——"我的孩子属于河流"

来自塞拉利昂的杰西卡五年来一直备孕。最终，一位"先知"给了她一块沐浴皂和一种涂抹在子宫上的油，让她怀孕了。宝宝出生时身体很强壮——但三个月大的时候，就开始不停地哭闹，而且总是在夜里。他讨厌水，洗澡时会尖叫，被带到河边时也会控制不住地颤抖。

有一天，她的儿子抽搐了四分钟，然后就死了。他苏醒过来，并**在九个月大的时候开始开口说话**："我不属于这里。我属于女王。"

杰西卡惊恐万分，寻求解脱。经过14天的斋戒和弃绝祈祷，孩子才得以释放——她的丈夫不得不**毁**掉藏在村子里的一尊家传神像，折磨才得以停止。

婴儿并非生来空白。他们生来就注定要经历我们必须为他们而战的战斗。

全球平行线

- **非洲**——河流祭坛、Mami Wata 奉献、胎盘仪式。
- **亚洲**——佛教徒或万物有灵论者在诞生时召唤水灵。
- **欧洲**——德鲁伊助产士契约、祖先水仪式、共济会奉献仪式。
- **拉丁美洲**——萨泰里阿教命名、河流之灵（例如奥顺）、占星图下的出生。
- **北美**——新时代的分娩仪式、在精神指引下进行的催眠分娩、灵媒的"祝福仪式"。

子宫束缚的迹象

- 流产现象代代相传
- 婴儿和儿童的夜惊
- 尽管医生已批准,但仍存在不明原因的不孕症
- 不断做与水有关的梦(海洋、洪水、游泳、美人鱼)
- 对水或溺水的无理恐惧
- 感觉"被占有"—好像从出生起就有什么东西在注视着

行动计划—打破子宫契约

1. **请求圣灵**揭示您(或您的孩子)是否通过子宫仪式开始受洗。
2. **放弃**怀孕期间达成的任何契约—无论是有意还是无意的。
3. **为您自己的出生故事祈祷**—即使您的母亲不在,也要作为您生命中合法的精神守门人发言。
4. **用以赛亚书第 49 章和诗篇第 139 章进行禁食**—重新获得你的神圣蓝图。
5. **如果怀孕**:每天为你的腹部涂抹油,并为未出生的孩子说话:

你已被分别为圣归于主。水、血或黑暗的灵都不能拥有你。你属于耶稣基督—身体、灵魂、灵。

团体申请

- 要求参与者写下他们所知道的有关他们出生的故事—包括仪式、助产士或命名事件。
- 鼓励父母在"以基督为中心的命名和圣约仪式"中重新奉献他们的孩子。
- *以赛亚书 28:18* 、*歌罗西书 2:14*和*启示录 12:11*带领祷告打破水之约。

关键洞察

子宫是一道门—穿过它的人往往带着属灵的包袱而来。但没有哪个子宫祭坛比十字架更伟大。

反思日志

- 我的受孕或出生是否与任何物体、油、护身符或名字有关？
- 我是否经历过从童年开始的精神攻击？
- 我是否在不知不觉中将海洋契约传给了我的孩子？

释放祈祷

天父，在我尚未受造之前，祢就已认识我。今天，我打破一切隐秘的盟约、水祭和在我出生时或出生前所立的邪灵奉献。我拒绝一切关于海洋灵、使魔或世代子宫祭坛的主张。愿耶稣的宝血改写我和我孩子们的诞生故事。我因圣灵而生，而非因水祭坛而生。奉耶稣的名，阿们。

第39天：受洗归入捆绑—婴儿、姓名首字母和看不见的圣约如何打开大门

"他们流无辜人的血，就是他们儿女的血，将他们献给迦南的偶像，这地就因他们的血被玷污了。" —诗篇 106:38

"勇士的掳物岂能夺回呢？凶猛的掳物岂能救回呢？"但耶和华如此说："勇士的掳物岂能夺回呢？凶猛的掳物岂能救回呢？" —以赛亚书 49:24-25

许多人的命运不仅**在成年期脱轨**—它们**在婴儿期就被劫持了。**

那看似无辜的命名仪式……

将孩子随意浸入河水中"祈福"……手中的硬币……舌头下的伤口……来自"精神祖母"的油……甚至出生时所取的姓名首字母……

它们看起来似乎都是文化性的、传统的、无害的。

但黑暗王国**隐藏在传统之中**，许多孩子在说出"耶稣"之前就已经被**秘密地启蒙了。**

真实故事一："我的名字来自河流"

在海地，一个名叫马利克的男孩从小就对河流和风暴有着一种奇怪的恐惧。蹒跚学步时，他被祖母带到一条小

溪边，接受"灵魂指引"以寻求庇护。他7岁时开始听到声音。10岁时，他开始夜间被鬼魂附身。14岁时，他感到身边总有"鬼魂"的存在，于是试图自杀。

在一次释放聚会上，邪灵猛烈地现身，尖叫着："我们进入了河边！有人叫我们的名字！" 他的名字"马利克"原本是属灵命名传统的一部分，是为了"纪念河流女王"。直到他被基督重新命名，折磨才得以继续。现在，他正在为那些因祖先奉献仪式而受困的年轻人传道，帮助他们释放罪人。

事情是如何发生的—隐藏的陷阱

1. **首字母作为契约**

   一些首字母，特别是那些与祖先姓名、家族神灵或水神相关的首字母（例如"MM"= Mami/Marine；"OL"= Oya/Orisha Lineage），充当恶魔的签名。

2. **婴儿在河流/溪流中浸泡**

   是为了"保护"或"净化"，这通常是**对海洋精神的洗礼**。

3. **秘密命名仪式**

   在祭坛或神龛前低声说出或说出另一个名字（不同于公开的名字）。

4. **胎记仪式将**

   油、灰烬或血液涂抹在孩子的前额或四肢上，以"标记"孩子的灵魂。

5. **水养脐带埋葬法**

   将脐带丢入河流、溪流中,或用水咒语埋葬—将孩子绑在水祭坛上。

如果您的父母没有让您信奉基督,那么很有可能其他人已经认领了您。

全球神秘的子宫结合习俗

- **非洲**—用河神的名字给婴儿命名,将绳索埋在海洋祭坛附近。
- **加勒比/拉丁美洲**—萨泰里阿教洗礼仪式、约鲁巴风格的草药和河流物品奉献仪式。
- **亚洲**—印度教仪式涉及恒河水,以占星术计算命名,与元素精灵有关。
- **欧洲**—德鲁伊教或神秘的命名传统援引森林/水守护者。
- **北美**—本土的奉献仪式、现代威卡教的婴儿祝福仪式、援引"古代指南"的新时代命名仪式。

我怎么知道?

- 无法解释的童年痛苦、疾病或"想象中的朋友"
- 梦见河流、美人鱼、被水追赶
- 厌恶教堂,但对神秘事物着迷
- 从出生起就深深感受到"被跟踪"或被监视
- 发现与婴儿时期相关的第二个名字或未知仪式

行动计划—拯救婴儿期

1. **问圣灵**：我出生时发生了什么？是哪只属灵的手触摸了我？
2. **放弃所有隐藏的奉献**，即使是在无知的情况下做出的："我拒绝任何不是与主耶稣基督立的约。"
3. **断绝与祖先姓名、姓名首字母和标记的联系。**
4. **使用以赛亚书 49:24-26、歌罗西书 2:14 和哥林多后书 5:17**来宣告基督的身份。
5. 如果需要的话，**举行一个重新奉献仪式**—将你自己（或你的孩子）重新献给上帝，并在引导下宣告新的名字。

团体申请

- 邀请参与者研究他们名字的故事。
- 如果需要的话，创造一个精神上重新命名的空间—允许人们宣称"大卫"、"以斯帖"这样的名字，或精神引导的身份。
- 带领小组进行象征性的奉献*再洗礼*—不是水浸，而是涂油礼和与基督的基于言语的约定。
- 让父母在祷告中为孩子打破约定："你属于耶稣—没有任何灵魂、河流或祖先的联系具有任何法律依据。"

关键洞察

你的开始很重要。但这不一定要决定你的结局。每一条河流的宣称都能被耶稣宝血的河流打破。

反思日志
- 我的名字或首字母是什么？它们代表什么含义？
- 我出生时是否有一些秘密或文化仪式需要我放弃？
- 我是否真正将我的生命—我的身体、灵魂、名字和身份—奉献给了主耶稣基督？

救赎祈祷

父神，奉耶稣的名，我来到祢面前。我弃绝我出生时所立的一切圣约、奉献和仪式。我拒绝一切命名、水灌顶和祖先的宣称。无论是通过姓名首字母、命名还是隐秘的祭坛—我都取消一切邪灵对我生命的控制。我宣告，我完全属于祢。我的名字写在生命册上。我的过去已被耶稣的宝血遮盖，我的身份已被圣灵印记。阿们。

第40天：从被拯救者到拯救者——你的痛苦就是你的使命

"但认识上帝的子民必刚强行事。" - 但以理书 11:32

"耶和华兴起士师，士师就拯救他们脱离强盗的手。" - 士师记 2:16

你被释放不是为了静静地坐在教堂里。
你被释放不只是为了生存。你被释放**是为了拯救他人**。

在马可福音第五章中，医治被鬼附之人的耶稣，又差遣他回到低加波利去讲述这个故事。没有神学院，没有圣职授任。只有**灼热的见证**和如火如荼的口才。

你就是那个男人。那个女人。那个家庭。那个国家。
你所承受的痛苦，如今是你的武器。
你所逃脱的折磨，如今是你的号角。将你禁锢于黑暗之中，如今已成为**你统治的舞台**。

真实故事——从海军新娘到拯救牧师

来自喀麦隆的丽贝卡曾是一位海神之灵的新娘。她八岁时在一次海岸命名仪式上接受了启蒙。到十六岁时，她已开始在梦中发生性关系，用眼神控制男人，还曾用巫术多次促成离婚。她被称为"美丽的诅咒"。

当她在大学里接触到福音时，她内心的恶魔开始疯狂。经过六个月的禁食、释放和深入的门徒训练，她才得以自由。

如今，她为非洲各地的女性举办释放大会。数千人因她的顺服而获得释放。

如果她保持沉默会怎么样？

使徒的兴起——全球救恩者正在诞生

- **在非洲**，前巫医现在建立教堂。
- **在亚洲**，前佛教徒在秘密的房屋里宣扬基督。
- **在拉丁美洲**，以前的萨泰里阿教牧师现在破坏了祭坛。
- **在欧洲**，前神秘学家在网上指导圣经阐释研究。
- **在北美**，新时代欺骗的幸存者每周都会主持 Zoom 救援活动。

他们是**不可能的**，是被摧毁的，是曾经的黑暗奴隶，如今在光明中前进——而**你就是其中之一**。

最终行动计划——接听电话

1. **写下你的证词**——即使你觉得它不够精彩。有人需要你讲述的自由故事。
2. **从小事做起**——为朋友祷告。主持一次查经。分享你的得救历程。

3. **永不停止学习**——拯救者坚守圣言，不断忏悔，保持敏锐。
4. **保护您的家人**——每天宣告黑暗随着您和您的孩子而停止。
5. **划定属灵战区**——你的工作场所、你的家、你的街道。做好守门人。

集团调试

今天不仅仅是一次祈祷，更是**一次授职仪式**。

- 互相在头上抹油，并说：

"你被释放是为了拯救。起来吧，上帝的审判者。"

- 集体大声宣告：

"我们不再是幸存者。我们是战士。我们手持光明，黑暗在颤抖。"

- 指定祷告伙伴或问责伙伴来继续增强勇气和影响力。

关键洞察

对黑暗王国最大的报复不仅仅是自由，
而是繁衍。

最终反思日志

- 当我意识到自己已经走出黑暗，走向光明时，是什么时候？
- 谁需要听我的故事？
- 本周我可以在哪里开始有意地发光？

- 为了解放他人，我愿意被嘲笑、被误解、被抵制吗？

委任祈祷
天父，我感谢祢赐予我四十天的火、自由和真理。祢拯救我，不只是为了庇护我—祢释放我，是为了拯救他人。今天，我领受了这件外衣。我的见证是宝剑，我的伤痕是武器，我的祷告是锤子，我的顺服是敬拜。如今，我奉耶稣的名而行—作为引火者、拯救者、光明使者。我是祢的。黑暗在我里面无立足之地，在我周围也无容身之地。我要站立得住。奉耶稣的名，阿们。

360° 每日宣告拯救与统治- 第一部分

凡为攻击你造成的器械必不利用；凡在审判时兴起用舌头攻击你的，你必定为有罪。这是耶和华仆人的产业…… —以赛亚书 54:17

今天以及每一天，我都完全属于基督—精神、灵魂和身体。

我关闭了通往黑暗王国的每一扇门—已知的和未知的。

我以耶稣的血断绝与邪恶祭坛、祖先灵魂、灵魂配偶、神秘社团、巫术和恶魔联盟的一切接触、契约、盟约或交流！

我声明，我不是卖身之人。我不是可接近的。我不是可招募的。我不是重新入会者。

一切邪恶的召回、精神监视或邪恶的召唤 -- 都以耶稣的名义被火驱散！

我与基督的心灵、天父的旨意、圣灵的声音紧密相连。我行走在光明、真理、力量、纯洁和目标之中。

我关闭了通过梦境、创伤、性、仪式、媒体或错误教导打开的每一个第三只眼、心灵之门和邪恶门户。

以耶稣的名义，让上帝之火吞噬我灵魂中的一切非法存款。

我向天空、陆地、海洋、星辰和诸天宣告—你们不会与我作对。

所有暗藏的祭坛、使者、窥探者，以及那些指使我攻击我生命、家庭、职业或领土的邪灵—都将被耶稣的宝血缴械，并噤声！

我让心灵沉浸在上帝的圣言中。

我宣告我的梦境神圣，我的思想受到庇护，我的睡眠神圣，我的身体是一座火焰圣殿。

从此刻起，我行走在360度的释放中—无所隐瞒，无所遗漏。

所有挥之不去的捆绑都被打破，所有世代的枷锁都被瓦解，所有未悔改的罪都被显露并洁净。

我声明：

- **黑暗无法统治我。**
- **我家是火灾区。**
- **我的大门已荣耀封上。**
- **我生活在顺从中，行走在力量中。**

我兴起，拯救我世代。

我不再回头，不再回头。我是光，我是火，我是自由。

奉耶稣大能的名，阿门！

360°每日宣告拯救与统治- 第二部分

保护自己免受巫术、魔法、巫师、灵媒和恶魔通道的侵害

拯救自己和受其影响或束缚的其他人

藉着耶稣的宝血**洁净并遮盖**

在基督里**恢复健全、身份和自由**

免受巫术、灵媒、巫师和精神束缚的保护和自由

（通过耶稣的宝血和我们的见证之言）

"弟兄胜过那恶者，是因羔羊的血和自己所见证的道……"

—启示录 12:11

"耶和华……使假先知的神迹失效，使占卜的愚拙……使他仆人的言语立定，使他使者的谋算成就。"

—以赛亚书 44:25-26

"主的灵在我身上……报告被掳的得释放，被捆绑的得释放……"

—路加福音 4:18

开场祷告：

父神，我今天坦然无惧地奉耶稣的宝血而来。我承认祢圣名的大能，并宣告唯有祢是我的拯救者和护卫者。我

作祢的仆人和见证人，今天我以勇敢和权柄宣告祢的话语。

保护与拯救宣言

1. **摆脱巫术、灵媒、巫师和精神影响：**
   - 我**打破并放弃**一切诅咒、咒语、占卜、魔法、操纵、监视、星体投射或灵魂束缚——无论是通过巫术、巫术、灵媒或精神渠道说出的还是实施的。
   - 我**宣告耶稣的血**是用来对抗一切试图束缚、分散、欺骗或操纵我或我的家人的污秽之灵的。
   - 我命令以耶稣基督的名义，以权威打破**一切精神干涉、占有、压迫或灵魂束缚。**
   - 我为自己，也为所有有意或无意受巫术或虚假光影响的人，**发出拯救的呼声**。现在就出来！奉耶稣的名，得自由！
   - 我呼吁上帝之火**烧毁每一个精神枷锁、邪恶契约**和在精神中建立的祭坛，以奴役或诱捕我们的命运。

"**断没有法术可以害雅各，也没有占卜可以害以色列。**" — 《民数记》23:23

2. **净化和保护自己、孩子和家人**：
   - 我恳求耶稣的宝血洗净我的**思想、灵魂、精神、身体、情感、家庭、孩子和工作**。
   - 我宣告：我和我的家都**被圣灵封印，与基督一同藏在上帝里面。**
   - 凡为攻击我们造成的武器，必不利用。凡攻击我们的恶言，都奉耶稣的名受**审判，止息。**
   - 我放弃并驱逐一切**恐惧、折磨、困惑、诱惑或控制的精神。**

"我是耶和华，我使说谎之人的诡计失效……"—*以赛亚书 44:25*

3. **恢复身份、目标和健全心智**：
   - 因欺骗或精神妥协而被**交易、被困或被盗**的每一部分灵魂和身份。
   - 我宣告：我拥有**基督的心灵**，我行走在清晰、智慧和权威之中。
   - 我宣告：我已**摆脱了世世代代的咒诅和家庭巫术**，并且与主同行。

"神赐给我不是胆怯的心，乃是刚强、仁爱、谨守的心。"—*提摩太后书 1:7*

4. **基督里的每日遮盖和胜利**：
   - 我宣告：今天，我行走在神的**保护、洞察力和平安之中。**

- 耶稣的血对我来说意味着**更好的东西**—保护、治愈、权威和自由。
- 今日所安排的一切邪恶任务都被推翻了。我行走在基督耶稣的胜利和凯旋之中。

"虽有千人仆倒在我旁边，万人仆倒在我右边，但这灾却不得临近我……"—*诗篇 91:7*

最终声明和证词：

"我战胜了各种形式的黑暗、巫术、招魂术、魔法、心灵操控、灵魂篡改和邪恶的精神转移—不是靠我的力量，而是**靠耶稣的血和我的证言**。"

我宣告：**我已得释放。我的家人也得释放。**一切隐藏的轭都被打破。一切陷阱都被暴露。一切虚假的光辉都被熄灭。我行走在自由之中。我行在真理之中。我行在圣灵的能力之中。

"耶和华必立定他仆人的言语，成就他使者的谋算。今日如此，日日如此。"

以耶稣的名义，**阿门。**

经文参考：

- 以赛亚书44:24-26
- 启示录 12:11
- 以赛亚书 54:17
- 诗篇 91
- 民数记 23:23

- 路加福音 4:18
- 以弗所书 6:10-18
- 歌罗西书 3:3
- 提摩太后书 1:7

360° 每日宣告拯救与统治 – 第三部分

"耶和华是战士，耶和华是他的名。" —出埃及记 15:3

"弟兄胜过那恶者，是因羔羊的血和自己所见证的道……" —启示录 12:11

今天，我复活并加入基督—坐在天上，远远高于一切执政的、掌权的、有位的、主治的，和一切有名的。

我放弃

我放弃一切已知和未知的契约、誓言或启蒙：

- 共济会（1至33级）
- 卡巴拉和犹太神秘主义
- 东方之星和玫瑰十字会
- 耶稣会和光明会
- 撒旦兄弟会和路西法教派
- 海洋精灵与海底契约
- 昆达里尼蛇、脉轮校准和第三眼激活
- 新时代欺骗、灵气、基督教瑜伽和星体旅行
- 巫术、魔法、招魂术和星界契约
- 性、仪式和秘密契约中的神秘灵魂纽带
- 共济会宣誓我的血统和祖先祭司

我切断每一条精神脐带：

- 古代血祭坛
- 虚假的预言之火
- 灵魂伴侣和梦境入侵者
- 神圣几何、光代码和普遍法则教义
- 假基督、使魔和假圣灵

让耶稣的宝血为我代言。让每一份契约都被撕毁。让每一座祭坛都被打碎。让每一个邪灵的身份都被抹去—现在！

我声明

我声明：
- 我的身体是圣灵活着的殿堂。
- 我的心灵受到救赎头盔的守护。
- 我的灵魂每天都因圣言的洗涤而变得圣洁。
- 我的血已被加略山洗净。
- 我的梦想被光封印。
- 我的名字写在羔羊的生命册上－－而不是在任何神秘的登记册、小屋、航海日志、卷轴或印章上！

我命令

我命令：
- 每一个黑暗代理人—观察者、监控者、星体投射者—都将被蒙蔽和驱散。
- 所有与冥界、海洋世界和星界的束缚—都被打破了！

- 每一个黑暗标记、植入物、仪式伤口或精神烙印—都将被火净化！
- 每一个熟悉的灵魂都在低声说着谎言—现在就安静下来！

我脱离
我脱离：

- 所有恶魔时间线、灵魂监狱和精神牢笼
- 所有秘密社团的排名和学位
- 我所戴的所有虚假的斗篷、王座或王冠
- 每一个不是上帝赋予的身份
- 每一个由黑暗系统赋予权力的联盟、友谊或关系

我建立
我确定：

- 我和我的家人周围有一道荣耀的防火墙
- 每个门、入口、窗户和通道都有圣天使
- 我的媒体、音乐、记忆和思想的纯洁
- 我的友谊、事工、婚姻和使命中的真相
- 与圣灵不间断的交流

我提交
我完全臣服于耶稣基督—
被杀的羔羊、统治的国王、咆哮的狮子。
我选择光明。我选择真理。我选择服从。
我不属于这个世界的黑暗王国。
我属于我们上帝和他的基督的王国。

我警告敌人

本人谨以此声明向以下人士发出通知：

- 每个高级公国
- 统治城市、血统和国家的每一个精神
- 每一个星界旅行者、女巫、男巫或堕落之星……

我是不可触碰的财产。

我的名字不在你的档案中。我的灵魂不可出售。我的梦想受你掌控。我的身体不是你的圣殿。我的未来不是你的游乐场。我不会重回奴役。我不会重复祖先的循环。

我不会点燃凡火。我不会成为毒蛇的栖息之所。

我封印

我以下列声明为证：

- 耶稣的宝血
- 圣灵之火
- 圣言的权威
- 基督身体的合一
- 我的证言之声

奉耶稣的名，阿门，阿门

结论：从生存到儿子身份—保持自由，生活自由，释放他人自由

"基督释放了我们，叫我们得以自由，所以要站立得稳，不要再被奴仆的轭挟制。" —加拉太书 5:1

"他领他们从黑暗里和死荫里出来，折断他们的锁链。" —诗篇 107:14

这40天绝不仅仅是为了知识，而是为了**争战**、**觉醒**和**在统治中前行**。

你们见证了黑暗王国的运作方式—有时潜移默化，有时代代相传，有时公开进行。你们经历了祖先之门、梦境、神秘契约、全球仪式以及精神折磨。你们见证了难以想象的痛苦，但也经历了**彻底的解脱**。你们打破了祭坛，摒弃了谎言，直面了许多讲道者不敢提及的事物。

但这还没有结束。

现在开始真正的旅程：**维护你的自由。活在灵性之中。教导他人走出困境。**

经历四十天的火刑后返回埃及很容易。拆毁祭坛后，又在孤独、情欲或精神疲惫中重建祭坛也很容易。

不。

你不再是**周期的奴隶**。你是城墙上的**守望者**。你是家庭的**守门人**。你是城市的**战士**。你是国家的**声音**。

向那些想要在统治中行走的人提出的七项最后指控

1. **守护你的门**

    不要通过妥协、叛逆、人际关系或好奇心来重新打开属灵的大门。

    "不要给魔鬼留地步。" —以弗所书 4:27

2. **控制你的食欲**

    禁食应该成为你每月节律的一部分。它能调整你的灵魂,让你的肉体顺服。

3. **致力于纯洁**

    —情感、性、言语、视觉。不洁是恶魔用来爬回来的头号门户。

4. **掌握圣经的话语**

    并非可有可无。它是你的宝剑、盾牌和日用的饮食。 "当把基督的道理丰丰富富地存在心里……" （歌罗西书 3:16）

5. **找到你的部落**

    救赎之路并非孤军奋战。在充满灵性的社群中建设、服务、疗愈。

6. **拥抱苦难**

    。是的,是苦难。并非所有的折磨都来自魔鬼。有些折磨能使人成圣。勇敢地走过去,荣耀就在前方。

    "等你们暂受苦难之后……祂必坚固你们,使你们安稳,使你们坚固。" —彼得前书 5:10

7. **教导他人**

    你已白白领受,现在也白白施予。帮助他人获得自由。从你的家开始,从你的圈子开始,从你的教会开始。

从得释放到成为门徒

这份虔诚的祈祷是全球性的呼声—不仅是为了治愈,也是为了军队的崛起。

是时候了,需要那些能嗅到战争气息的**牧羊人**。是**时候了,需要**那些不畏惧毒蛇的先知。

是时候了,需要那些打破世代契约、筑起真理祭坛的**父母**。是**时候了,需要国家**受到警告,也是时候了,需要教会不再沉默。

你就是与众不同

你从此走向何方至关重要。你背负着什么也至关重要。

你被拉出来的黑暗,正是你如今拥有的权威。

拯救是你与生俱来的权利。统治是你的使命。

现在走进去。

最后的祈祷

主耶稣,感谢祢这四十天与我同行。感谢祢揭露黑暗,打破锁链,并呼召我到更高的境界。我拒绝回头。我以恐惧、怀疑和失败打破每一份约定。我坦然无惧地接受我的国度使命。求祢使用我去释放他人。求祢每日以圣灵充满我。让我的生命成为光明的武器—

-在我的家庭、在我的国家、在基督的身体里。我不会沉默。我不会被打败。我不会放弃。我将走出黑暗,走向掌权。直到永远。奉耶稣的名,阿们。

如何重生并跟随基督开始新生活

也许你曾经与耶稣同行，也许你在这40天里才认识祂。但此刻，你内心深处有某种东西正在被触动。

你已经准备好接受的不仅仅是宗教信仰。
你已经准备好建立**关系**。
你已经准备好说："**耶稣**，我需要你。"

事实是这样的：

因为世人都犯了罪，亏缺了神荣耀的标准……然而神凭着他的恩典，自由地使我们在他眼中成为义人。——罗马书 3:23-24（NLT）

你无法赚取救赎，
也无法修复自己。但耶稣已经付出了全部代价——祂正等着迎接你回家。

如何重生

重生意味着将你的生命交给耶稣——接受他的宽恕，相信他死而复活，并接受他作为你的主和救世主。

它很简单，但功能强大，它能改变一切。

大声祷告：

主耶稣，我相信祢是神的儿子。
我相信祢为我的罪而死，并且复活。
我承认我犯了罪，需要祢的赦免。
今天，我悔改，转离旧有的生活方式。
我邀请祢进入我的生命，成为我的主和救主。
洗净我，用祢的灵充满我。
我宣告我已重生，蒙赦免，获得自由。
从今天起，我将跟随祢，
并活出祢的脚踪。
感谢祢拯救了我。奉耶稣的名，阿们。

得救后的下一步

1. **告诉某人**—与您信任的信徒分享您的决定。
2. **寻找以圣经为基础的教会**- 加入一个教导并践行上帝话语的社群。访问"神鹰"事工网站：https://www.otakada.org 或 https://chat.whatsapp.com/H67spSun32DDTma8TLh0ov

3. **受洗**—采取下一步行动，公开宣告你的信仰。
4. **每天阅读圣经**—从约翰福音开始。
5. **每天祈祷**—像朋友和父亲一样与上帝交谈。
6. **保持联系**—与那些鼓励你迈出新一步的人在一起。
7. **在社区内开始门徒训练过程**—通过这些链接与耶稣基督建立一对一的关系

40天门徒训练1 - https://www.otakada.org/get-free-40-days-online-discipleship-course-in-a-journey-with-jesus/

40门徒训练2 - https://www.otakada.org/get-free-40-days-dna-of-discipleship-journey-with-jesus-series-2/

我的救赎时刻

日期：_____

签名：_____

若有人在基督里，他就是新造的人，旧事已过，都变成新的了！

—哥林多后书 5:17

基督新生命证书

救恩宣言—因恩典重生

这证明

_____
_____

(姓名)

公开宣称信仰耶稣基督

是主和救世主,并通过他的死亡和复活获得了救赎的免费礼物。

你若口里承认耶稣是主,心里信神叫他从死里复活,就必得救。—
罗马书 10:9

这一天,天堂欢欣鼓舞,新的旅程开始了。

决定日期:_____

签名：_____

救赎宣言

今天，我将我的生命交托给耶稣基督。
我相信祂为我的罪而死，并且复活。我接受祂为我的主和救主。我蒙了赦免，重生，成为全新的人。从这一刻起，我将跟随祂的脚踪行。

欢迎来到上帝之家！

你的名字已写在羔羊的生命册上。
你的故事才刚刚开始—但却是永恒的。

与神鹰事工联系

- 网站：www.otakada.org
- 无忧无虑的财富系列：www.wealthbeyondworryseries.com
- 电子邮件：ambassador@otakada.org

- 支持这项工作：

通过契约主导的捐赠来支持王国项目、使命和免费的全球资源。

扫描二维码捐赠

https://tithe.ly/give?c=308311

您的慷慨帮助我们触及更多灵魂，翻译资源，支持宣教士，并在全球范围内建立门徒训练体系。谢谢！

Give in the Spirit of Luke 6:38

3. 加入我们的 WhatsApp Covenant 社区

接收最新消息、灵修内容，并与世界各地的立约信徒建立联系。

扫描加入

https://chat.whatsapp.com/H67spSun32DDTma8TLh0ov

推荐书籍和资源

- *摆脱黑暗的力量*（平装本） —在此购买 | 亚马逊电子书

   o 来自美国的热门评论：

- **Kindle 用户**："史上最佳基督教读物！"（五星）

感谢耶稣的见证。我非常蒙福，并推荐每个人都读这本书……因为罪的工价乃是死，但神的恩赐乃是永生。平安！平安！

- **Da Gster**："这是一本非常有趣且相当奇怪的书。"（5星）

如果书中所说的是真的，那么我们对敌人所能做的事情确实远远落后了！……对于任何想要了解精神战争的人来说，这都是必读之书。

- **Visa**："喜欢这本书"（5星）

真是大开眼界……真是实话实说……最近我一直在到处找它买。终于在亚马逊买到了，真是太开心了。

- **FrankJM**："非常不同"（4星）

这本书让我意识到属灵争战是多么真实。它也让我明白了穿戴"全副军装"的意义。

- **JenJen**："所有想去天堂的人，都读读这个！"（5星）

这本书彻底改变了我的人生。加上约翰·拉米雷斯的见证，它会让你以不同的方式看待你的信仰。我已经读了六遍了！

- *前撒旦教徒：詹姆斯交换*（平装本）—在此购买 | 亚马逊电子书

- **一位非洲前撒旦教徒的证言-** *牧师乔纳斯·卢昆图·姆帕拉（平装本）*—在此购买|亚马逊电子书

- *《更伟大的功绩》14 （平装本）*—点击此处购买|亚马逊电子书

- 《走出魔鬼大锅》 —亚马逊有售
- 《他来释放俘虏》 —在亚马逊上查找

作者出版的其他书籍 - 超过 500 种

《被爱、被选择、完整：从被拒绝到被修复的30天旅程》已被翻译成全球40种语言

https://www.amazon.com/Loved-Chosen-Whole-Rejection-Restoration-ebook/dp/B0F9VSD8WL

https://shop.ingramspark.com/b/084?params=xga0WR16muFUwCoeMUBHQ6HwYjddLGpugQHb3DVa5hE

追随他的脚步——40天WWJD挑战：
世界各地真实故事中的耶稣生活

https://www.amazon.com/His-Steps-Challenge-Real-Life-Stories-ebook/dp/B0FCYTL5MG

https://shop.ingramspark.com/b/084?params=DuNTWS59IbkvSKtGFbCbEFdv3Zg0FaITUEvlK49yLzB

耶稣在门口：

40个令人心碎的故事和天堂对当今教会的最后警告

https://www.amazon.com/dp/B0FDX31L9F

https://shop.ingramspark.com/b/084?params=TpdA5j8WPvw83g1J12N1B3nf8LQte2a1lIEy32bHcGg

圣约生活： 40天行走在申命记28章的祝福中

- https://www.amazon.com/dp/B0FFJCLDB5

真实人物的故事，真实的服从，真实的

https://shop.ingramspark.com/b/084?params=bH3pzfz1zdCOLpbs7tZYJNYgGcYfU32VMz3J3a4e2Qt

超过 20 种语言的转换

认识她和认识他：
40天治愈、理解和持久的爱

https://www.amazon.com/KNOWING-HER-HIM-Healing-Understanding-ebook/dp/B0FGC4V3D9

https://shop.ingramspark.com/b/084?params=vC6KCLoI7Nnum24BVmBtSme9i6k59p3oynaZOY4B9Rd

完整，而非竞争：
40天的目标、团结与合作之旅

https://shop.ingramspark.com/b/084?params=5E4v1t
HgeTqOOuEtfTYUzZDzLyXLee30cqYo0Ov9941

https://www.amazon.com/COMPLETE-NOT-COMPETE-Jour
ney-Collaboration-ebook/dp/B0FGGL1XSQ/

神圣健康密码—通过上帝的话语和创造激活治愈的40个日常钥匙，释放植物、祈祷和预言行动的治愈力量

https://shop.ingramspark.com/b/084?params=xkZMrYcEHnrJDhe1wuHHYixZDViiArCeJ6PbNMTbTux

https://www.amazon.com/dp/B0FHJT42TK

其他书籍可在作者页面上找到https://www.amazon.com/stores/Ambassador-Monday-O.-Ogbe/author/B07MSBPFNX

附录（1-6）：维护自由与更深层解脱的资源

附录一：辨别隐秘巫术、神秘习俗或教堂内奇怪祭坛的祷告

"人子啊，你看见他们在黑暗中所作的事吗……？"——以西结书 8:12

"那暗昧无益的事，不要与人同行，倒要责备行这事的人。"——以弗所书 5:11

祈求洞察力和曝光力：

主耶稣，求祢开启我的眼睛，使我看见祢所看见的。愿每一个凡火，每一个隐秘的祭坛，每一个隐藏在讲台、长凳或仪式背后的神秘运作，都被揭露出来。除去帕子。显明伪装成敬拜的偶像崇拜，伪装成预言的操控，以及伪装成恩典的堕落。洁净我的本地教会。如果我属于一个妥协的团契，求祢引领我到安全的地方。设立纯净的祭坛，洁净的手，圣洁的心。奉耶稣的名，阿们。

附录 2：媒体弃权与清理协议

"我不将邪僻的事摆在我眼前……" —诗篇 101:3

净化媒体生活的步骤：

1. **审核**一切：电影、音乐、游戏、书籍、平台。
2. **问**：这是否荣耀神？这是否打开了通往黑暗的大门（例如，恐怖、情欲、巫术、暴力或新纪元主题）？
3. **放弃**：

我断绝一切通过不敬虔的媒体开启的邪灵门户。我将我的灵魂与一切受仇敌操控的名人、创作者、人物和故事线断绝关系。

4. **删除和销毁**：物理和数字删除内容。
5. **来代替**—崇拜、教义、证词、有益的电影。

附录 3：共济会、卡巴拉、昆达里尼、巫术、神秘放弃脚本

"那暗昧无益的事，不要与人来往……" —以弗所书 5:11

大声说出来：

奉耶稣基督的名，我弃绝一切誓言、仪式、象征，以及加入任何秘密社团或神秘组织的入会仪式—无论有意或无意。我拒绝与以下各项有任何关联：

- **共济会**—所有等级、符号、血誓、诅咒和偶像崇拜。
- **卡巴拉**—犹太神秘主义、《光辉之书》解读、生命之树祈祷或天使魔法。
- **昆达里尼**—第三只眼的开启、瑜伽的觉醒、蛇火和脉轮的排列。
- **巫术与新时代**—占星术、塔罗牌、水晶、月亮仪式、灵魂旅行、灵气、白魔法或黑魔法。
- **玫瑰十字会、光明会、骷髅会、耶稣会誓言、德鲁伊教、撒旦教、招魂术、萨泰里阿教、伏都教、威卡教、泰勒玛、诺斯替教、埃及秘仪、巴比伦仪式。**

我废除一切为我立的约。我断绝一切与我血脉、梦境或魂结的联系。我将我的全人—灵、魂、体—降服于

主耶稣基督。愿羔羊的宝血永远关闭一切邪灵的入口。愿我的名从一切黑暗的记录中被洁净。阿们。

附录4：圣油激活指南

你们中间有受苦的呢？他就该祷告。你们中间有病了的呢？他就该请长老来……奉主的名用油抹他。—雅各书 5:13-14

如何使用圣膏油来获得拯救和统治：

- **前额**：更新心智。
- **耳朵**：辨别上帝的声音。
- **腹部**：净化情绪和精神的源头。
- **脚**：走进神圣的命运。
- **门/窗**：关闭精神之门并净化家园。

涂油时宣告：

"我用圣灵的油洁净此地及器皿。邪灵不得合法进入。愿主的荣耀居于此地。"

附录5：放弃第三只眼和超自然视觉的神秘来源

大声说出来：

奉耶稣基督的名，我弃绝一切开启我第三眼的行为—无论是通过创伤、瑜伽、星体旅行、迷幻药还是灵性操控。主啊，我祈求您关闭所有非法的门户，并用耶稣的宝血将其封住。我释放一切非来自圣灵的异象、洞见或超自然能力。愿所有邪灵观察者、星体投射者或监视我的实体，奉耶稣的名被蒙蔽和捆绑。我选择纯洁而非权力，选择亲密而非洞见。阿门。

附录6：灵性成长见证视频资源

1) 从 1.5 分钟开始 - https://www.youtube.com/watch?v=CbFRdraValc

2) https://youtu.be/b6WBHAcwNOk?si=ZUPHzhDVnn1PPIEG

3) https://youtu.be/XvcqdbEIO1M?si=GBlXg-cO-7fO9cR

4) https://youtu.be/jSm4r5oEKjE?si=1ZOCPgA33SOMfvyt

5) https://youtu.be/B2VYQ2-5CQ8?si=9MPNQuA2f2rNtNMH

6) https://youtu.be/MxY2gJzYO-U?si=tr6EMQ6kcKyjkYRs
7) https://youtu.be/ZW0dJAsfJD8?si=Dz0b44I53W_Fz73A
8) https://youtu.be/q6_xMzsj_WA?si=ZTotYKo6Xax9nCWK
9) https://youtu.be/c2ioRBNriG8?si=JDwXwxhe3jZlej1U
10) https://youtu.be/8PqGMMtbAyo?si=UqK_S_hiyJ7rEGz1
11) https://youtu.be/rJXu4RkqvHQ?si=yaRAA_6KIxjm0eOX
12) https://youtu.be/nS_Insp7i_Y?si=ASKLVs6iYdZToLKH
13) https://youtu.be/-EU83j_eXac?si=-jG4StQOw7S0aNaL
14) https://youtu.be/_r4Jyzs2EDk?si=t1dAtKOB_3-J_j_C
15) https://youtu.be/KiiUPLaV7xQ?si=I4x7aVmbgbrtXF_S
16) https://youtu.be/68m037cPEu0?si=XpuyyEzGfK1qWYRt
17) https://youtu.be/z4z1p9_aRQg?si=DR31DYTt632E96a6
18) https://youtube.com/shorts/H_90n-QZU5Q?si=uLPScVXm81DqU6ds

最后警告：你不能玩这个

解脱并非娱乐，而是战争。

没有忏悔的放弃只是噪音。好奇心不同于呼唤。有些事并非轻易就能挽回。

所以，要计算代价。行走在纯洁之中。守卫你的门。

因为魔鬼不尊重噪音——只尊重权威。

www.ingramcontent.com/pod-product-compliance
Lightning Source LLC
Chambersburg PA
CBHW050338010526
44119CB00049B/595